浙江省社科规划课题成果

健康中国背景下
校园足球科学发展之路

黄 晓 著

中国原子能出版社

图书在版编目 (CIP) 数据

健康中国背景下校园足球科学发展之路 / 黄晓著 .
—— 北京：中国原子能出版社，2020.10
ISBN 978-7-5221-0974-9

Ⅰ . ①健… Ⅱ . ①黄… Ⅲ . ①青少年—足球运动—教
学研究—中国 Ⅳ . ① G843.2

中国版本图书馆 CIP 数据核字（2020）第 193112 号

内 容 简 介

本书以健康中国建设为背景，对校园足球运动的科学发展进行研究。首先对校园足球与健康中国的基本理论进行了概要性介绍，并对两者的关系进行了探讨，接着对校园足球运动开展的基本情况进行了分析。在此基础上，对校园足球在健康中国背景下的科学发展进行研究，主要从学练探索、文化建设、人才培养和战略研究几方面展开。通过对多方面内容的阐述，可以促进我国校园足球的科学发展，也对健康中国建设有一定的积极意义。

健康中国背景下校园足球科学发展之路

出版发行	中国原子能出版社（北京市海淀区阜成路 43 号 100048）	
责任编辑	张　琳	
责任校对	冯莲凤	
印　　刷	三河市铭浩彩色印装有限公司	
经　　销	全国新华书店	
开　　本	787mm×1092mm　1/16	
印　　张	12.5	
字　　数	224 千字	
版　　次	2021 年 8 月第 1 版　2021 年 8 月第 1 次印刷	
书　　号	ISBN 978-7-5221-0974-9　定　价　62.00 元	

网　　址：http://www.aep.com.cn　　E-mail:atomep123@126.com
发行电话：010-68452845　　　　　　版权所有　侵权必究

前　言

　　足球是世界第一大体育运动,在世界范围内有着巨大的影响力,同时其在健身、健心和社会性发展方面起着重要的作用。为了改善我国青少年的体质健康情况,提高我国足球运动的水平,我国大力推进校园足球的开展,并取得了一定的成效。

　　随着社会的发展和时代的进步,国民的健康日益成为人们关注的焦点,在新形势下,我国也在全民健身的基础上提出了健康中国战略。健康中国建设与校园足球发展之间存在着密切的联系。健康中国战略的提出为校园足球的发展提供了良好的社会条件,而校园足球作为促进青少年健康的重要手段有利于健康中国建设的实现。基于两者之间的关系,笔者撰写了《健康中国背景下校园足球科学发展之路》一书,探讨健康中国背景下校园足球的科学发展。

　　全书共有八章内容,在对健康中国与校园足球的基本知识进行分析的基础上,对二者的关系进行了探讨,然后对校园足球科学发展的几个方面进行了深入的研究。第一章为足球与校园足球,对足球运动的起源与发展、校园足球的概念及组织实施、我国校园足球的相关政策及执行、关于校园足球的研究情况进行了阐述。第二章为健康中国及相关政策解析,涉及健康中国的提出、健康中国的内涵解析以及健康中国相关政策文件等内容。第三章是对健康中国与校园足球运动关系的分析,在论述校园足球运动开展的健康价值的基础上,分别对校园足球运动与健康中国建设对彼此的意义进行了阐述。第四章是对校园足球运动开展的相关分析,包括校园足球开展的背景及原因、校园足球开展的影响因素、校园足球开展的现状以及校园足球的未来发展。第五章至第八章是对校园足球科学发展的研究,主要从四大方面展开,分别是学练探索、文化建设、人才培养和战略研究。通过对这些方面的深入探讨,为我国校园足球运动的科学发展提供了可行的发展策略和道路。

　　总体来看,本书逻辑清晰,层次分明,对健康中国背景下校园足球的科学发展进行了细致的分析和论述。本书在撰写中结合我国校园足球发展的实际以及健康中国的时代背景,力求做到科学性、时代性和前沿性,希望本书能为我国校园足球运动的科学发展贡献绵薄之力。

在撰写本书的过程中,笔者参考借鉴了众多相关的图书与资料,课题组成员王小娟、许慧敏、梁名洋、黄位佳、朱莉、朱国华也付出了很多努力,在此向所有的专家学者致以诚恳的谢意,同时也感谢在本书成书过程中给予帮助的亲朋好友。由于本人时间和精力有限,书中难免有不足之处,恳请读者积极批评指正,不胜感激。

作 者

2020 年 8 月

目　录

第一章 足球与校园足球

足球运动是影响广泛的球类运动之一,具有多方面的价值。近些年来,国家对足球运动的重视程度与日俱增,并将其作为校园教育的重要构成,促进了足球与校园足球运动的发展。本章对足球与校园足球的基本理论进行研究,为后面章节的研究奠定理论基础。

第一节 足球运动的起源与发展

一、足球运动的起源

（一）古代足球的起源

足球运动在今天是受万众瞩目的世界性运动,具有最广泛的群众基础和影响力,以至于人们在日常生活中的茶余饭后都会经常谈论起焦点足球赛事。而在古代,足球最早只是作为一些仪式的构成部分出现,亦或是作为一种人们休闲娱乐的游戏。

对于古代足球的起源,常见的说法有以下几种。

（1）宗教起源说。宗教起源学说的观点认为足球运动是远古时期宗教活动中的一个环节。足球在仪式中被视为万物生长依赖的太阳,也有的仪式将足球看作是兽头,活动中谁争抢到这个球,就寓意着能够获得丰收。

（2）游戏起源说。游戏起源说理论最为人们所认可。足球起源说来源于中国,在公元 3000 多年前的商代甲骨文中,就曾出现了类似足球活动的文字记载;在 15 世纪的中国有一种"足球舞"游戏,这就是后来所说的"蹴鞠"。《史记》中也有较为详细的对百姓开展蹴鞠活动的记载。除中国外,西方国家如意大利也有类似这种用脚踢的游戏。不过上述这些有记载的足球游戏通常都是个体进行的,尚未出现团队开展的足球游戏活动。

（3）比赛起源说。在我国的历史文献中对类似足球运动项目的记载显示,黄帝是这项运动的创造者。我国古代将以主要用脚将球踢进规定区域的活动称为"蹴鞠"。此后,这项对参与者体能有着较高要求的运动逐渐成为军事训练的手段。汉高祖刘邦在宫苑内修建了用于开展蹴鞠活动的场地,该场地两端设有鞠室,比赛双方居于场中,以将球踢进鞠室多者为胜。这种比赛的方式已经非常接近于现在以团队形式开展的足球运动了。

上述几种都是足球运动的起源学说,但至今足球界都没有对此达成认定上的共识。不过在 2004 年中国亚洲杯开幕式上,国际足联正式宣布中国是足球运动的发源地,并由国际足联主席布拉特再一次向全世界正式宣布这一信息。

（二）现代足球运动的起源

据有关文献记载,有一种哈巴斯托姆比赛,分为上、下半时,双方的目的是要把球带过对方的底线。在法国,比赛方式同哈巴斯托姆基本一样,只是球场非常大,可以有一条街长,或把临近两个村内的教堂或公共建筑物作为场地的两条底线。公元 1066 年后,哈巴斯托姆传入英国,并在十一二世纪时开始盛行。当时既无规则又无场地,成群结队的人常常在街道上,甚至闹市区用脚或手任意踢球、掷球。这种比赛粗暴、混乱,严重影响了社会公共秩序,遭到当时君主们的反对。1314—1660 年间,当地政府禁止开展足球及其他相关活动的记录超过了 30 次。但还是屡禁不止,这种运动在民间继续发展着,并在 1490 年正式定名为足球（Football）。

1681 年,英王查理二世废除禁令,这种类似足球运动的活动重获自由。到十八九世纪,英国不少大学开始盛行足球活动。19 世纪中期,这种足球活动不仅在学校中发展很快,社会上也有很多人参加。

1837—1842 年,统一的足球规则在剑桥大学产生。1846 年、1848 年以及 1856 年、1863 年相继出现了新的规则。但只有 1863 年的规则（剑桥规则）最有影响,并具有深远意义。

经过了几百年的发展和演变,英国的民间足球在 19 世纪初期发展到了顶峰,1849 年伊顿公学废除了橄榄球规则中用手传球、带球的条款,因此,伊顿公学的场地足球被看成是现代足球的最早原形。与英式橄榄球分化后,英式足球在英国进一步演化和发展。

1863 年 12 月 26 日,剑桥大学、牛津大学和凯尔波里特专科学校与伦敦周围地区 11 个最主要的俱乐部和学校,在伦敦女王大街共济会酒家举行联席会议,创立了英格兰足球协会。这一天被称为现代足球的诞生日。

1872 年,英格兰和苏格兰之间进行了足球运动史上的第一次正式比赛。此后 30 年的时间里,足球运动逐渐成为英国和欧美各国广泛开展的运动项目。

二、足球运动的发展

（一）世界足球运动的发展

现代足球运动在英国产生之后,就开始了漫长的发展过程。1868 年,英国人将足球传入非洲,1870 年足球进入大洋洲的澳大利亚。1893 年,南美洲首次开展足球联赛。1894 年,足球进入巴西。随后相继传入亚洲各国。足球发展至今天已经成为一项受世界人民关注的运动项目,并受到了全世界人们的欢迎和喜爱,成为名副其实的第一运动。

足球技战术和规则的不断完善也从侧面反映了足球运动的发展历程。1846 年,为了让各学校间的足球比赛更加规范,英国剑桥大学综合制定了一个简单的足球运动规则,当时称之为《剑桥大学规则》。而在 1863 年的伦敦会议后,在《剑桥大学规则》的基础上,进行了修改和填补,制定出了最早的足球竞赛规则,它也是现代足球史上的第一部统一的足球竞赛规则。随后由于足球比赛的规模和形式的不断变化,足球比赛规则也随之发生变化,如越位、犯规和处罚等规则被制定得更加具体和全面。足球竞赛规则的不断完善在很大程度上规范了足球运动比赛,也促进了足球运动竞赛水平的不断提高。在足球运动产生之初,技战术内容相对简单,但随着足球比赛的不断增多,足球运动的基本技战术得到了很大的发展。在足球赛场上不断出现精妙的过人技术和各种赏心悦目的战术配合,例如,足球运动的发展,带来了足球比赛阵型的不断改变,从 1930 年的"WM"阵型到 20 世纪 50 年代的"4—2—4 阵型",再到目前流行的"4—4—2""4—3—3""4—5—1"甚至是无锋阵型的产生,都体现了足球运动的发展,也正是足球技战术的不断演进,使足球比赛的激烈程度不断增加,悬念增大,足球比赛水平持续提高,这也进一步扩大了足球运动的影响力。

在足球运动的发展历程中,足球运动组织的出现也可以充分体现当今足球运动的发展。1857 年,英国第一家足球俱乐部——谢菲尔德足球俱乐部的成立打开了世界足球发展的新纪元。自此以后，英国相继成立多家足球俱乐部。随着足球比赛的不断增多，人们迫切需要成立一个全国性的足球组织，统一全国的比赛规则，规范足球运动和比赛。1863年10月26日，英国11个足球俱乐部的代表在伦敦召开会议，成立了世界上第一个足球运动组织——英格兰足球协会。为此，国际上把这一天视为现代足球运动的诞生日。而在1863年后，欧洲一些国家也纷纷成立足球协会。在足球比赛快速发展的情况下，1904年5月21日，在巴黎由法国、瑞士、瑞典、比利时、西班牙、丹麦等国发起成立了国际性的足球组织——国际足球联合会，简称国际足联（FIFA）。国际足联总部设在瑞士苏黎世。国际足联的创立，标志着足球作为一项世界性的体育项目登上了国际体坛，使足球运动在更加广泛的范围内开展起来。从此世界各国足球协会不断成立，会员国的数量不断增加。国际足联最初有7个会员国，发展到现在已有200多个国家和地区加入国际足联，国际足联也成为世界最大的国际单项体育组织之一。足球运动组织的产生对足球运动的发展有着重要作用，特别是一些世界性的足球比赛，极大地促进了足球运动的进一步发展。

在足球运动发展过程中，足球比赛是其发展的一个重要标志。1872年，足球运动史上的第一次正式比赛在英格兰和苏格兰之间进行，即泛英足球比赛。而如今的足球比赛已经逐渐形成了世界性的足球比赛模式。目前为止，国际上比较重要的足球比赛有世界杯足球赛、奥运会足球赛、世界青年足球锦标赛、世界少年足球锦标赛、世界女子足球锦标赛、世界室内5人制足球锦标赛、世界俱乐部足球锦标赛等。这些比赛有力促进了足球运动在世界各国的发展和提高。其中世界杯足球赛在足球界甚至是体育界都享有盛名。1928年，国际足联决定每4年举行一届世界足球锦标赛（后更名为世界杯），并规定每届比赛与奥运会相间举行，还决定设立专门的流动奖杯——金女神杯，奖给锦标赛的冠军，并规定，如果哪一支国家队能三次夺得冠军，将永久保留此杯。1970年第9届世界杯上，巴西队第三次获得冠军，该奖杯归巴西永久占有。现在的流动奖杯为"大力神杯"，国际足联规定此杯为永久性流动奖杯，任何国家不论夺得多少次冠军，都不得独自占有该杯，其权力只是保留该杯4年至下一届世界杯。从1930年开始，世界杯足球赛开始举行，到目前为止共进行了21届，并有八个国家获得过冠军，分别为巴西（5次）、意大利（4次）、德国（3次）、阿根廷（2次）、乌拉圭（2次）、英格兰（1次）、法国（2次）、西班牙（1次）、南非（1次）。足球比赛的频繁举行，使足球运动的影响力增大，足球运动的发展不断进步。

经过不断的发展,足球运动向着职业化的方向前进,目前足球职业联赛在许多国家进行,比较著名的有英超、西甲、德甲、意甲和法甲,称为欧洲五大联赛。高水平赛事的不断举行加上足球明星运动员的不断涌现,足球运动在世界上的地位不断提升,在未来的发展中,足球运动仍将迸发出强大的生命力。

（二）我国足球运动的发展

1. 中国近代足球发展概况

1840 年,清朝统治下的中国爆发了鸦片战争,中国战败,香港岛被割让给英国。就在这个时期,足球运动随之传入中国,并首先在香港开展。19 世纪 60 年代前后,在香港地区的英国人进行足球运动,使该地区的足球氛围逐渐活跃起来,也带动了本地中国人的参与。19 世纪 80 年代,香港学校中的一些华人学生开始踢足球。随后沿海一些比较大的城市里,教会学校相继开始发展现代足球。1901 年,上海圣约翰大学和南洋大学足球队先后成立,双方自翌年起每年举办一次对抗赛。1908 年,香港成立了第一个足球运动组织——南华足球会。随着学生走向社会,足球运动也由学校扩展到社会,由沿海城市扩展到内地。1923 年以后,足球运动的发展逐渐广泛起来。但受制于社会与政治环境,我国足球运动整体水平一般。

2. 新中国成立后足球发展情况

（1）新中国成立初期初步发展（1949—1959 年）

新中国成立初期,足球运动发展比较落后,缺乏专业的足球人才。党和国家高度重视足球运动发展,在广大足球工作者共同努力下,足球运动开始有了初步的发展。1951 年,在天津举行了第 1 届全国足球比赛,参加比赛的有 8 支代表队。通过这届比赛选拔了 30 多人组成了国家队,他们是新中国成立后首届国家足球队。

1953 年起,全国各体育院、系先后开设各类足球课程。1954 年前后,各省市相继建立了足球队,并进行专门训练。1954 年 2 月,中国邀请了当时世界足球强队匈牙利国家队来华进行比赛和讲学,使我国足球人大开眼界,了解到世界最先进的足球技战术。同年 4 月和 10 月,我国先后派出两批青年足球运动员赴匈牙利留学,经过一年多的艰苦训练,进步显著。一年后学员们学成归来,其中大部分球员成为国家队主力。

为了适应国际交往和推动全国足球运动的开展,1955 年 1 月 3 日,中国足球协会成立。1955年和1956年,我国先后聘请了苏联和匈牙利的足球专家来华,为我国培养足球研究生、科研人员、足球教师和教练员,这些组织措施为国内足球运动水平的提高提供了重要条件。1956年,全国足球竞赛制度和运动员、裁判员等级制度开始实行,推出了甲、乙级足球联赛;1957年,又实行甲、乙级升降制;1959年,足球成了全运会正式比赛项目之一。

1957—1960年期间,中国男子足球队在一系列国际邀请赛和友谊赛中表现出良好风貌,足球水平有了较大的提高。1959年中国国家队战胜匈牙利奥林匹克足球队,并在中国、苏联、匈牙利三国对抗赛上获得亚军;1960年,中国国家队在中国、越南、朝鲜、蒙古四国对抗赛中取得冠军。此时我国足球运动进步明显,但仍在国际比赛中处于下风,1957年中国队首次参加第6届世界杯外围赛,两回合以1球之差负于印度尼西亚队。

(2)自然灾害时期曲折起伏(1960—1965年)

这一时期我国遭遇了三年自然灾害,经济发展严重滞后,全国多数球队中断了训练,球员的运动水平自然大幅下降。1964年,随着我国走出之前的困难时期,全国足球运动恢复进行,继续发展。在这个时期,国家体委(就是如今的国家体育总局)、全国总工会、共青团中央、教育部联合召开了全国足球工作会议,号召全国"大力发展足球运动、迅速提高技术和水平",并提出了4项措施和"三从一大"的训练原则,确定了"勇、快、巧、准"的足球技术风格和10个足球重点城市和地区。此次会议结束后,全国各省市各队重新投入到了训练和比赛之中,全国甲、乙级足球联赛和全国青少年足球比赛也得到了全面恢复,并邀请了巴西职业足球俱乐部马杜雷拉队来华访问比赛。

1965年6月—1965年10月,中国男子足球队在国际比赛中取得较好成绩。1965年9月,在首都北京举行了第2届全运会,各地足球队的水平均有所提高。在此基础上,国家足球队重新组建,并于次年获得亚洲新兴力量运动会足球比赛的亚军。

(3)"文革时期"遭受严重破坏(1966—1976年)

"十年动乱"给我国足球运动造成严重破坏。从1966年下半年起到1970年,全国足球比赛、对外交流,连同足球教学、训练、科研等全部停止。

1974年9月14日,亚足联代表大会上重新恢复了中国足球协会在亚洲的合法席位。同年,中国足球队参加了第7届亚运会足球比赛,小组赛即遭淘汰。1976年,中国足球队首次参加亚洲杯,获得第3名。这十年的曲折葬送了一批年轻人的前途,造成中国足球青黄不接,后备力量严重匮乏,足球运动水平再次下降。

（4）探索改革（1977—1991年）

20世纪70年代至80年代中期,我国足球运动处于逐步恢复时期。1978年中国足协恢复了全国甲、乙级队双循环升降级制的比赛,并逐步确立了各级别比赛系统。1977年至80年代前期,我国举办了几次国际足球邀请赛。1979年以后,国家曾多次发出通知和召开足球工作会议,为培养足球后备力量、促进足球运动的发展起到了积极作用。

20世纪80年代中后期,在我国改革开放大潮的推动下,足球改革逐渐被提上议事日程。足球界在领导体制向实体化过渡、足球的社会化与科学化、训练与竞赛等方面进行了改革、探索和实践,取得了一些成效。

1979年,国际足联恢复了我国的合法席位,中国足球队可以参加世界范围内的国际比赛。在这一时期,我们加强了国际交往,一些省市的足球队引进了外籍教练指导教学,国家队和省市队经常出国集训并与当地球队进行比赛,这对中国足球了解世界足球运动的发展趋势是有积极意义的。同年,中国国家队、青年队、少年队先后参加了世界杯预选赛、亚洲杯、亚运会、奥运会预选赛、世青赛、世少赛等重大国际比赛,中国足球逐渐进入一个稳定的阶段。

（5）红山口会议吹起改革之风（1992年至今）

1992年6月,中国足协在北京西郊红山口召开了全国足球工作会议。会议期间,中央领导明确指出:"足球必须搞上去,足球体制必须改革。"通过红山口会议,我国明确提出了改革体制、转换机制的根本问题,确立了要坚定不移地走职业化道路的方针,尽快实行俱乐部体制,希望中国足球跟上世界足球的潮流。本次会议确定了多项重大举措,在中国足球历史上具有划时代意义。

1994年中国足球开始职业化,中国足球职业联赛正式开始,在初期一共有26个俱乐部队参加,联赛采用双循环、主客场赛制。联赛分为A组12支球队和B组14支球队,实行升降级制度,每年甲A最后两名降入甲B,甲B前两名升入甲A。1998年,中国足球职业联赛甲级A组由12支球队扩大为14支球队。

从1994年到2003年,中国足球职业化发展了整整十年。在这10年中,中国足协先后发布了20多个重要法规文件,规范联赛平稳有序进行;各个俱乐部共引进了数十名外籍教练员和上百名外籍运动员;中国男足先后经历了施拉普纳、霍顿、米卢蒂诺维奇、阿里汉4位外国教练作为主帅。2002年,中国男子足球队参加了韩国世界杯,这是中国足球历史上首次参与国际足球最高水平赛事。

2004年,中国足球甲A联赛和中国足球甲B联赛更名为中国足球协会超级联赛和中国足球协会甲级联赛,并一直延续到现在。

第二节　校园足球的概念及组织实施

一、校园足球运动的概念

21世纪后,我国非常关心足球运动的可持续发展问题,并为此推出了诸多措施,其中有一条就是将足球运动纳入学校体育教育当中,并且鼓励学校大力在校园推广各类足球活动。为了保障这项措施得以落实,国家体育总局与教育部联手于2009年4月下发了《关于开展全国青少年校园足球活动的通知》,并于2009年6月在北京回民中学正式启动了全国青少年校园足球活动。

对校园足球的理解要注意不能单一化,原因在于校园足球涉及多个学科和机构,其不是教育部门一方就能够完全落实的,也不是体育部门一方能落实的。足球本是体育运动项目中的一种,而学校又是以学科知识传授作为主要活动的场所。将足球融入学校当中,与校园相结合,就是给足球运动融入了教育属性,让足球运动的教育价值得到更好的彰显,同时也使教育的内涵更加宽泛,让教育的形式更加多样。如此来看,就基本可以将我国的校园足球定义为由体育部门与教育部门合作的,在各级各类学校中开展的,以学生为主要参与对象的各类足球活动。校园足球的宗旨为普及和推广足球运动、增加足球人口、促进学生"德、智、体、美"等全面发展、发现和培养青少年足球后备人才。

二、校园足球的组织机构

2009年2月,国家体育总局和教育部联合组织在大、中、小学校,开展全国青少年校园足球活动,并成立了由教育部、体育总局行政部门以及中国足球协会等有关社会团体组成的全国青少年校园足球领导小组,规划、领导全国的青少年校园足球活动开展。这一系列组织的成立和活动的开展是在响应贯彻《中共中央国务院关于加强青少年体育增强青少年体质的意见》精神,落实《关于开展全国亿万学生阳光体育运动的决定》。

全国青少年校园足球领导小组下设全国青少年校园足球工作领导小组办公室(下面简称"全国校足办"),该机构的主要职责为管理、协调、指导青少年校园足球活动的日常工作。全国校足办下设 166 个省、市、县校足办(22 个省校足办、4 个直辖市校足办、5 个自治区校足办、1 个建设兵团校足办、131 个市校足办、3 个试点县校足办),具体职责为负责当地校园足球活动的日常开展工作。该办公室内要保证至少有专职工作人员 4 名,另外配备兼职人员或志愿者若干名。除此之外,一些区、县和足球特长院校中还要设立校园足球办公室,主要负责该地区或者学校的校园中开展的各种足球活动,该机构的工作人员多为兼职人员或志愿者。

三、校园足球的指导思想

我国的校园足球指导思想主要如下,其工作的开展要以科学发展观为指导,以体制机制创新、转变发展方式为动力;以推进阳光体育、校园足球活动为载体;以服务青少年成长、服务社会发展为宗旨;以促进学生德智体美全面发展、提高青少年体质健康水平、扩大足球人口、储备足球后备人才为目标;以各类人才培养、建立健全校园足球各级联赛、完善场地设施、师资培训为重点内容,推进青少年校园足球活动持续、健康、协调发展,最终服务社会,和谐发展。

第三节　我国校园足球的相关政策及执行

一、关于校园足球运动发展的政策与文件

(一)国家层面的政策与文件

国家层面的校园足球政策主要由教育部门联合体育部门及其他部门共同制定,这一层面的政策与文件具有全局性和纲领性的特点,对我国校园足球运动的发展具有重要的导向性。

据粗略统计,我国教育部官网发布有关校园足球的政策文件共有 22 条,其中主要涉及足球特色学校、足球师资力量培训、校园足球开展情况审核等几个部分的内容。例如,2017 年 3 月教育部办公厅发布的有关加强全国青少年校园足球改革试验、试点区工作的指导文件中,要求各级学校加强足球的改革,制定校园足球发展策略与规划等。通过对这一文件

的解读可以发现,要求各地区各学校必须要充分发挥足球的育人功能,并遵循人才培养与发展的基本规律,合理调整现有的足球管理体制,完善激励与评价制度,大力宣传与推广校园足球运动,为学生营造一个良好的足球文化环境。

除教育部颁布的相关政策与文件外,其他部门发布的一些文件也涉及校园足球政策内容。例如,2015年7月由六个部门共同印发的《加快发展青少年校园足球的实施意见》中就涉及校园足球发展的总体要求、关键任务、保障措施和组织领导四个部分,这一政策的主要目的是健全和完善我国校园足球的竞赛制度体系。

2016年《青少年体育"十三五"规划》中指出,要建立一套关于青少年体育服务的相关制度;要完善青少年体育发展水平标准的评价制度;建立完善的评估监督制度体系;建立对校园足球在科技发展和公共服务方面的制度。这些制度是校园足球制度建设的基础,与校园足球的发展有着极为密切的联系。

2017年5月,全国校足办与校园足球试点县(区)签订了推动校园足球改革发展的备忘录。这一文件要求全国校足办要建立完善的足球竞赛体系、建设足球特色学校、加强足球师资队伍建设、完善风险防控和保险制度等,这些文件的颁布对于深入推进我国校园足球的改革与发展具有重要的意义。

总之,为保证我国校园足球运动的健康发展,我国政府相关部门都在不断尝试发布相关的政策与文件,为校园足球提供必要的制度保障。近年来,教育部有关校园足球的政策、文件见表1-1。其他相关部门关于校园足球的政策见表1-2。

表1-1 教育部有关校园足球的政策、文件[①]

文件名称	时间
《关于组织开展中小学校校园足球工作专项调研的通知》	2014年3月17日
《关于做好全国青少年校园足球特色学校及试点县(区)遴选工作的通知》	2014年12月31日
《关于成立全国青少年校园足球工作领导小组的通知》	2015年1月12日
《关于开展全国青少年校园足球骨干师资国家级专项培训的通知》	2015年6月12日
《教育部等6部门关于加快发展青少年校园足球的实施意见》	2015年7月27日

---

① 李晨.我国校园足球制度建设研究[D].陕西师范大学,2018.

续表

文件名称	时间
《关于组织开展加快发展青少年校园足球重点督查工作的通知》	2016 年 4 月 28 日
《关于印发 < 全国青少年校园足球教学指南 > 和 < 学生足球运动技能等级评定标准 > 的通知》	2016 年 6 月 30 日
《关于开展 2016 年全国青少年校园足球骨干师资国家级专项培训的通知》	2016 年 7 月 7 日
《关于加强全国青少年校园足球改革试验区、试点县（区）工作的指导意见》	2017 年 2 月 17 日
《关于印发 < 全国青少年校园足球工作领导小组第二次会议纪要 > 的通知》	2017 年 3 月 23 日
《关于组织申报聘请校园足球外籍教师支持项目的通知》	2017 年 3 月 28 日
《关于做好全国青少年校园足球特色学校复核的通知》	2017 年 5 月 16 日

表 1-2　其他相关部门关于校园足球的政策

文件名称	发布部门	时间
《关于开展全国青少年校园足球活动的通知》	国家体育总局、国家教育部	2009 年 7 月 29 日
《关于加快发展青少年校园足球的实施意见》	教育部、财政部、发改委、广电总局、体育总局、共青团中央	2015 年 7 月 22 日
《全民健身计划（2016—2020 年）》	国务院	2016 年
《中国足球中长期发展规划（2016—2050）》	发改委、国务院足球改革发展部际联席会议办公室、体育总局、教育部	2016 年 4 月 6 日
《全国足球场地设施建设规划（2016—2020）》	中国足球协会	2016 年 5 月 10 日
《青少年体育"十三五"规划》	国家体育总局	2016 年 9 月 8 日

下面仅对其中的两项政策性文件进行阐述与分析。

1.《中国足球发展改革总体方案》

2015 年 3 月 16 日，国务院办公厅颁发《中国足球发展改革总体方案》（以下简称《方案》）我国足球运动从此上升到了"国策"的高度。《方案》中提出"改革推进校园足球发展"，详细内容如下。

（1）促进足球育人功能的发挥

加强学校体育改革,对全面发展人才进行培养,将校园足球作为一项基础性工程来促进足球人口规模的扩大、推动学生综合素质的提高、促进青少年健康成长,争取这项工程得到尽可能多的家长、社会各界力量的认可和支持,从而为校园足球活动的开展创建良好的社会与家庭环境。学生在校园足球活动中不仅能够锻炼身体,享受乐趣,还能够更好地对社会规则加以适应,对道德规范进行认识与遵守。

（2）普及校园足球

将足球列为各地中小学的体育教学内容之一,促进足球课时在所有课程所占课时中比重的增加。重点扶持足球传统良好、基础扎实、有较高参与积极性的中小学,在扶持的基础上推动校园足球的普及。目前,我国有5000多所中小学校园足球特色学校,在此基础上,2020年要增加到20000所,2025年要再增加30000所,这些学校中有一部分开展女子足球。普及校园足球还要促进保险机制的建立与完善,从而促进校园足球安全水平的提高,使学生、学校及家长的后顾之忧得以解决①。

（3）共同发展文化学习与足球技能

对于具有足球特长的学生,要加强对其文化课的教学管理,促进考试招生政策的不断完善,对学生积极参加足球运动进行激励。在升学录取时,对于足球特长生在一定范围内的合理流动要给予赞同的态度,从而为这部分学生足球特长的发展提供良好的环境。

（4）促进青少年足球人才规模化成长

加强对大中小学校园足球队的组建和四级足球竞赛体系(小学、初中、高中、大学)的构建,在高校体育的考核评价体系中纳入足球竞赛成绩。

（5）促进师资队伍的壮大

对现有足球教师(专职、兼职)进行培训,提高足球教师水平,并扩大足球教师的招聘范围,积极引入国内外优秀的足球教练员,从而壮大师资队伍。到2020年,对50000名校园足球教师的一轮培训要全部完成。对相关的政策措施加以完善,促进专业教育的不断加强,创造良好的条件来推动退役运动员向体育教师的转变。

2.《关于加快发展青少年校园足球的实施意见》

2015年8月13日,教育部网站将《关于加快发展青少年校园足球的

① 刘栋,刘伟杰.政策支持下我国青少年校园足球发展思考[J].当代体育科技,2015（13）.

实施意见》(以下简称《意见》)正式公布出来。《意见》中明确指出了我国校园足球发展的总体要求(指导思想、基本原则、工作目标)、具体任务、保障措施以及组织领导。

（1）总目标及原则

《意见》指出,到2020年,将与人才成长规律相符、青少年广泛参与、基础条件保障有力、运动水平持续提升、文化氛围蓬勃向上、体制机制充满活力的中国特色青少年校园足球发展体系基本建成,这是校园足球的工作目标[①]。

问题导向、因地制宜、统筹协调、改革创新是开展校园足球工作主要遵循的四个基本原则。

（2）五项任务

①提高校园足球普及水平。

②深化足球教学改革。

③加强足球课外锻炼训练。

④完善校园足球竞赛体系。

⑤畅通优秀足球后备人才的发展通道。

（3）六大保障措施

①增加经费的投入。

②加强对足球场地设施条件的改善。

③建设数量充足、高水平的足球师资队伍。

④促进学生参与足球激励机制的不断完善。

⑤对社会力量参与校园足球予以积极的鼓励。

⑥促进校园足球安全保险制度的完善。

（二）地方层面的政策与文件

与国家层面相对应的是地方层面的政策文件,地方层面的校园足球政策是地方教育部门及职能部门根据国家制定的足球政策结合地方实际情况所制定的制度和文件,其具有鲜明的地方特色,能为本地区校园足球的发展提供重要的制度保障。

通过对我国各省、直辖市、自治区教育部门官方网站的统计,能找到一些涉及校园足球发展的制度或文件(表1-3)。这些制度和文件在当地校园足球运动发展的过程中起到了重要的作用。

---

① 刘栋,刘伟杰.政策支持下我国青少年校园足球发展思考[J].当代体育科技,2015（13）.

表 1-3　有关校园足球的地方层面政策、文件（部分）

文件名称	涉及制度内容	地区
《河北省关于加快发展青少年校园足球的实施意见的通知》	建立评价制度,促进工作开展	河北省
《关于大力开展校园足球活动的通知》	形成学校体育风险管理制度	安徽省
《2015—2017年厦门市校园足球工作方案》	协调建立足球特长生单列招生制度	厦门市
《关于江西省加快发展青少年校园足球工作的实施意见》	完善竞赛监督制度、建立足球后备人才认定标准及升学管理制度、制定完善学校工作绩效奖励制度	江西省
《关于在全省学校广泛开展青少年校园足球运动的通知》	建立校园足球联赛制度	湖北省
《关于壮族自治区青少年校园足球工作实施方案》	建立和完善青少年校园足球学生档案管理制度、校园足球风险管理制度	广西壮族自治区
《关于加快发展青少年校园足球的实施意见》	实施校园足球专业人员等级认证制度、赛事分级管理制度、制定足球后备人才认定标准和升学管理制度	四川省
《陕西省加快推进青少年校园足球工作实施意见》	建立健全工作制度	陕西省
《关于加快发展青少年校园足球的实施意见》	完善校园足球课余训练制度和代表队建设制度、建立训练营制度	甘肃省
《关于加强青少年校园足球工作的实施意见》	建立竞赛监督制度、建立校园足球课外训练制度、推进安全保险制度、建立完整的校园足球管理制度	宁夏回族自治区

　　参照国家和地方有关校园足球的政策和文件,各地区、各学校也可以结合本校的具体实际出台相关的规范性文件。例如,由陕西省体育局和陕西省教育厅共同发布的《陕西省青少年校园足球活动实施方案》就是一个能有效促进陕西省校园足球运动发展的制度文件,文件中提出要不断改革和完善我国的校园足球四级联赛制度,以联赛为突破口,挖掘与培养高质量的足球后备人才。

　　2015年,宁夏出台了促进当地校园足球发展的相关政策文件,内容主要涉及校园足球活动、竞赛制度、教学评价等方面。

　　2016年,北京市教委发布了2016—2020年《加快发展北京市青少年校园足球工作的实施意见》，该意见提出将足球课程归入到中小学必修体育课中，并探讨用制度规定的形式将足球项目纳入中考和高中水平测试的体育考试中。

除此之外，新疆还出台了一系列关于校园足球发展的政策文件，提出要建立小中大校园足球人才培养机制，建立小、中、大学三级校园足球联盟，以联盟管联赛，建立与之相关的足球联赛制度。通过这一制度的建立，能为学生运动员营造一个良好的足球训练环境，从而促进校园足球运动的发展。

综上所述，这些有关校园足球发展的政策与文件的发布，对于校园足球的发展是有非常大的帮助的，能为我国校园足球运动的发展提供必要的制度保障，能为我国竞技足球运动培养大量的高素质人才。

二、我国校园足球运动发展的政策执行情况

（一）校园足球政策执行的偏差问题

我国为推动校园足球运动的发展，制定了一系列的相关政策，然而，通过调查发现，我国校园足球运动的开展情况仍不容乐观，且存在许多问题，造成这一现象的很大原因就在于在执行相关政策时出现了偏差，主要表现在以下几方面。

1. 象征性执行

有关部门在执行校园足球发展的相关政策时，只进行一些表面性的工作，具体的实践性的行动与措施几乎没有，政策的执行只体现在形式上。例如，一些学校表面上响应国家号召，开展校园足球运动，实际上只是象征性地编排了一些有关足球的操类活动。

2. 替代性执行

在执行校园足球运动政策的过程中，部分执行者为了维护自身利益，替换了政策中有损自己利益的内容，表面看来是执行上级政策，实际上与上级政策的精神是相违背的。例如，一些地区将用于体育发展的所有资金都投入到了校园足球运动的开展上，甚至禁止开展其他项目的活动。

3. 选择性执行

政策执行主体主观上曲解上级政策精神，或选择性地执行相关政策内容，这些内容或对自己有利，或执行起来方便。例如，一些校园足球试

点学校没有广泛动员学生参与足球运动，只是对少数运动天赋良好的学生进行重点培养。

（二）校园足球政策执行出现偏差的原因

（1）缺乏足够的政策宣传，导致一些基层的政策执行者不清楚校园足球的目标定位，因而也就无法明确校园足球的基本属性和政策执行目的。

（2）缺乏一定的执行资源。在执行校园足球政策的过程中，无论是经费、场地，还是人力等资源都存在短缺的现象。

（3）缺乏良好的执行环境，应试教育的弊端使得学生面临着较大的生存压力，再加上良好体育外部环境的缺失，导致校园体育运动政策难以得到有效的执行。

（4）执行组织之间缺乏互动。体育总局与教育部是校园足球政策的两大重要执行组织，这两个组织没有明确各自的职责，也缺乏沟通与交流，各自为政，因而很难取得良好的执行效果。

（三）校园足球政策执行偏差的矫正

（1）从正面积极宣传校园足球的相关政策，使人们对体育的认识不断更新，对宽松的政策执行氛围加以营造。

（2）促进政策宣传解释的不断加强，突出强调校园足球的教育功能，明确政策执行的主要目的是提高学生的体质水平，促进学生的全面发展，而不仅仅是培养竞技足球后备军。

（3）为执行相关政策投入一定的物力、人力及财政资源，拓宽这些资源的来源渠道。

（4）对体育部门及教育部门这两大执行组织进行有机整合，建立校园足球体系和足球后备人才训练体系，并促进其不断完善。

第四节　关于校园足球的研究情况

一、校园足球运动研究的热点

当前，我国校园足球运动的研究热点有很多，这些研究各有侧重，对于我国校园足球的发展具有很好的指导意义。下面主要从校园足球的由来、定位与价值、训练理念这三个方面来对当前我国校园足球运动的研究热点进行分析。

（一）校园足球的发展由来

在 20 世纪 80—90 年代，学术界关于校园足球的相关研究主要集中在中小学以及高校足球教学内容的设置与训练上。学者张吉祥对于 1987 年国家教委制定的《全日制中学体育教学大纲》阐述了一些自己的看法与观点，他提出应该结合足球技术的发展形势以及中学生的特点来制定完善体育教学大纲；策海宇在认真研究全国大学生足球联赛开展情况的基础之上，认为当前高校足球竞赛制度对于高校足球联赛的开展产生了很大的制约作用；学者李明学则在 1994 年以"校园足球"为主题词对我国的校园足球运动进行研究。1978—2008 年间，对于校园足球的相关研究并不多，研究的内容主要是高校校园足球文化的构建，研究的目的主要是为了营造更好的高校校园足球文化氛围。在 1999 年，当时的中国足协副主席薛立提出将原有的"学校足球"改为了"校园足球"，校园足球的称呼也由此而来。

（二）校园足球价值定位研究

1. 校园足球的概念

对于校园足球的概念，很多学者都有自己的定义与理解。学者曾桂生、郁品品认为，校园足球就是指校园范围内一切与足球有关的活动。从狭义上讲，校园足球又特指不同学校、不同级别之间的足球赛事，以及代表学校或者地区参加不同等级的各项赛事，它隶属于竞技运动范畴，且具有培养与输送足球后备人才的任务，其目的是多出人才和出好人才。学者邓正富认为，校园足球活动是在校园开展的足球教学课程和有组织的足球训练、比赛活动，是草根足球的一部分，是培养足球后备人才的一种方式。学者李兴山认为，校园足球是普通中小学开展的足球教学课程和有组织的足球训练活动及比赛，是以普通在校学生为主的非专业的足球活动。

不同学者对校园足球进行界定的争议主要是在于校园足球是学校所开展的一门普通体育课程还是以组织竞赛形式为国家培养足球后备人才。其实，校园足球是学校教育的有机组成部分，它并不能够独立于教育之外而存在，校园足球在学校教育体系中具有非常重要的作用，开展校园足球的根本目的就是让学生的发展更加健全，使足球运动真正融入广大学生的生活当中。对于当前所开展的校园足球竞赛,我们更应该视其为检验校园足球发展成效的一项指标,不要对其有过高的定位。

2. 校园足球的定位与价值

在国家颁发的很多教育文件当中,都对我国开展校园足球运动的定位与价值有一定的论述。例如,学者张辉认为,发展校园足球的目标就是解决学生体质健康、发挥教育功能、推进基础教育改革等。学者侯学华认为,从发展中国足球的角度来分析,足球运动的知识与技能普及价值是校园足球活动的核心价值所在;从培养合格公民和社会主义事业建设者和接班人的角度来看,强身健体价值与素质教育价值才是校园足球活动的核心价值。侯学华等学者将校园足球核心价值划分为以学生为中心的核心价值以及以足球为中心的核心价值。其中,以学生为中心的核心价值是居于首要位置的,它主要是提高青少年的身体健康、培养体育兴趣、增强品质等;而以足球为中心的核心价值指的是以普及为核心任务,这是提高足球运动水平的基础所在。

就我国当前的研究情况来看,学者关于校园足球发展评价以及现实实践研究存在着整体研究不足的状况。

(三)校园足球训练理念研究

学者王勇川通过对比柯柯维奇与我国足协的训练理念发现,我国青少年足球训练理念过于追求功利,在足球的组织与训练过程中不能够按照青少年身心发展的客观规律来进行。张庆春等学者认为,我国青少年足球在培养理念上存在一定的偏差,在足球的选材与训练方面有急功近利的思想,在培养足球后备人才时过于注重局部而忽略了运动的普及,并提出构建新的足球训练理念才是改变我国足球落后局面的根本途径。另外,还有一些学者认为我国青少年足球训练理念中存在的很多问题与我国现行体制中的"政绩观"存在着很大的关联,为了避免我国校园足球运动的发展重蹈覆辙,应该构建出新的适合学生身心发展规律的足球课程、训练、竞赛理念以及校园足球的发展规划。

二、校园足球运动研究中的问题

(一)对于校园足球发展基础理论研究不足

当前,校园足球运动发展过程中存在着对于足球发展基础理论研究不足的现象。

一方面,由于目前校园足球运动的相关研究还处于起步阶段,对于校园足球运动的相关概念、内涵界定还不十分明确,这就不可避免地会出现相关定义概念含糊不清、模棱两可的现象,整体的研究质量也不高;另一方面,对于校园足球发展基础理论的研究会牵扯到很多与体育基础理论有关的知识,而我国与不同学龄段以及学校课程相结合的校园足球发展规划的有关研究却非常有限,因而对于校园足球运动的开展并没有非常充足完善的理论支撑。

（二）缺乏宏观透视校园足球发展现状的研究

客观来讲,当前对于校园足球运动发展的相关研究还处于初始阶段。在此阶段,校园足球的相关研究往往不能够从宏观的角度对校园足球运动发展所具备的时代特征有一个总体上的把握,同时在校园足球运动的具体发展措施方面也存在很大程度的模糊性。另外,在研究校园足球发展的具体对策时,常常不能够将校园所处的区域背景结合起来进行通盘的考虑,从而导致所研究出的具体对策缺乏足够的针对性。

因此,要想实现校园足球运动研究的科学发展,应该不断加强对于校园足球发展现状的宏观透视。

（三）缺乏校园足球发展评估发展机制研究

如今,虽然校园足球运动正在进行前所未有的大发展,但在此过程中也不可避免地会发生对发展校园足球的价值认识不清等问题。面对这种情况,校园足球运动的研究应该更加注重与校园区域的实际情况相结合,同时综合各方面的因素制定出一套比较科学的适合学校发展情况的评价方案,并将其作为学校发展足球运动的标杆。

总之,当前校园足球运动的发展相对缺乏与足球发展评估机制有关的研究,这是我国学术界应该加以关注并设法解决的问题。

（四）交叉学科渗透力不足,研究范式较为陈旧

面对当前校园足球运动发展过程中出现的各种问题,校园足球的研究工作常常会出现交叉学科渗透力不足、研究范式较为陈旧的情况。

要想分析并解决校园足球运动发展过程中出现的这些问题,需要借助于社会学、统计学等多个学科的理论知识,而问题研究者自身的知识结

构会对其认知能力与解决具体问题的能力产生非常直接的影响。同时需要注意的是,应该灵活运用涉及交叉学科的相关理论与研究方法,避免只局限于校园足球的领域当中分析问题,应该跳出学科的窠臼去对问题进行全面系统的分析,从而最终实现研究范式的不断创新。

（五）多渠道解决校园足球发展资金问题

就校园足球运动的长远发展而言,只依靠国家的资金投入来支持校园足球的开展并不是一种长久之计。

要想实现校园足球运动的可持续发展,应该逐渐建立起合理科学、持久运行的校园足球发展机制,同时不断融合民间资本的力量,将市场的活力充分调动出来;设立校园足球的发展基金,不断完善校园足球的制度制定以及发展的方式。但需要指出的是,目前学术界对于校园足球发展资金问题的研究才刚刚起步,校园足球发展资金的具体募集与运作还需要进一步的研究与论证。

三、校园足球运动研究的未来思路

对于校园足球运动的研究应该不断进行深化,从而促进校园足球运动朝着科学的方向不断发展。具体来讲,深化校园足球研究的思路主要包括以下几个方面。

（1）校园足球运动的研究应该以《中国足球改革总体方案》为总目标,努力构建校园足球研究的目标体系。足球改革总体方案不仅具体明确了校园足球运动的发展战略,同时还具体制定了近期以及长远的发展目标,形成了清晰的足球发展路线。因此,在对校园足球运动进行研究时,应该密切围绕足球改革的发展路线来进行,并最终构建出一套完整的校园足球研究目标体系。

（2）校园足球运动的研究应该根据当前我国校园足球发展的客观实际情况来进行,同时重点研究与解决校园足球发展过程中所遇到的问题。根据我国校园足球的发展情况,研究并制定解决校园足球运动发展各种问题的方法与途径,同时不断加强校园足球运动相关的软、硬件设施的建设,更好地发挥理论研究的先导作用。

（3）校园足球运动的研究应该以更好地促进学校体育的教学水平、不断提升学生体质素质作为最终的目标,不断深化与提高校园足球运动的相关研究。校园足球运动的发展应该摒弃"功利化"的发展倾向,对学校教育的改革不断进行深化,应该以学生的全方位健康发展作为研究的中心,更加巩固校园足球发展的根基,从而更好地彰显出发展校园足球运动的终极目标与核心价值取向。

第二章　健康中国及相关政策解析

随着社会的发展,国民的健康状况日益受到国家的重视。在新时代背景下,我国提出要建设健康中国,这是社会发展和人民美好生活的需要。本章主要对健康中国及相关政策进行解析,涉及健康中国的提出、健康中国的内涵以及健康中国的相关政策文件等内容。

第一节　健康中国的提出

将健康提升到战略层面,可以直接追溯到 1978 年,国际初级卫生保健会议发布《阿拉木图宣言》,其中明确指出人类的基本权利就是健康,政府有责任提供最适宜的技术与方法促进居民健康,获得最高质量的健康状况是全世界共同追求的目标。

1986 年,世界卫生组织在《渥太华宣言》中完整阐述了"健康促进"的定义、行动原则以及对未来的发展方向,"健康促进"不仅是居民健康素养的提高,更应该是"国家层面"系统化的健康促进公共政策。

2005 年 WHO 社会决定因素委员会在教育、工业、税收和福利工作中推荐使用健康促进政策,即非卫生部门也要将健康纳入工作考虑范畴。

21 世纪,随着认识水平的不断提高,国际社会又重新定义了健康,国际社会的主流价值观就是"全方位的健康",2013 年第八届国际健康促进大会颁布的《赫尔辛基宣言》正式定义了"将健康融入所有政策(Health in All Policies, HiAP)",将 HiAP 定义为一种以改善人群健康和健康公平为目标的公共政策制定方法,系统地考虑这些公共政策可能带来的健康后果,寻求部门之间的协作,避免政策对健康造成不利影响。

健康的社会决定因素非常广泛,交通、教育、就业等部门的政策会对健康产生深刻影响,要解决健康问题,就要制定有利于健康的政策,不仅需要借助卫生部门,而且需要多个部门联合制定有利于健康的政策。

作为公共政策制定的办法,HiAP 的关键是卫生部门开展跨部门活动,共同制定政策、实施干预,是一种跨部门治理,跨部门治理机制是解决跨部门权力不均衡问题的一套制度化策略,建立健康方面的政治领导力,将健康融入政府组织结构和决策程序,监督评估机制的完善,构建政策倡导能力和评估工具应用的能力,各个国家在起草发展计划的时候应该重点考虑到 HiAP。

改革开放 40 多年来,人口红利给中国带来了前所未有的发展机遇,但是随着发展进程的不断推进,社会发展矛盾日趋激烈,需要重新定位健康发展的战略目标,保证健康的公平性和积极性。

2007 年中国科学技术协会年会公布了"健康护小康,小康看健康"的三步走战略计划,提出了制定"健康中国 2020"战略发展的国家规划,随着医改进入深水区,深层次矛盾和问题被集中暴露出来,明显加大了改革的难度,推进健康中国建设是推动深化医改的必然要求。

2012 年,原卫生部组织数百名专家讨论最终形成"健康中国 2020"战略研究报告,"健康中国 2020"战略规划被定义为以全面提高民众健康素质为目的的国家中长期卫生发展规划。

无论是从提出时间、战略规划目标还是具体实施路径来看,"健康中国 2020"都存在着明显的缺陷和不足。

第一,"健康中国 2020"战略规划没有准确地判断我国经济改革和发展的趋势,没有参考我国发展的新常态。

第二,"健康中国 2020"战略规划,不能适应"创新、协调、绿色、开放、共享"的发展理念,推进健康中国建设必须和"十三五"规划总体发展框架相协调统一。

第三,"健康中国 2020"战略规划没有对我国健康产业的发展做出准确的判断。伴随越来越多的健康需求的出现,新一轮医改取得阶段性成效,健康服务业的发展为我国社会经济发展迎来了新的增长点。

第四,"健康中国 2020"的发展目标局限于卫生发展,经济发展机制和社会管理体制联系松散,协同性不足。

第五,"健康中国 2020"忽视了人口发展对于中国经济社会发展的决定性因素,"健康中国 2020"从战略的高度为中国卫生发展提出了要求,但是并没有形成可操作的测量标准和实施路径。

在 2015 年党的十八届五中全会上,推进健康中国建设首次被提出来。在 2016 年 8 月召开的全国卫生与健康大会上,习近平总书记指出,没有全民健康,就没有全面小康,并且对要优先发展人民健康进行了强调,将此放在重要的战略地位,并从战略和全局高度对建设健康中国等重大任务进行了深刻的分析和阐述。

　　国家倡导发展健康中国,这并不是一个简单的口号,而是具有深刻内涵的实践战略,要对健康中国战略部署进行深刻的理解,需要以我国的基本国情为立足点,以当前我国全面建设小康社会的决胜阶段现实情况为出发点,而且要明晰以下三个认知。

　　第一,建设健康中国彰显我国战略发展新理念。

　　第二,建设健康中国要树立"大健康"理念。

　　第三,建设健康中国是我国现阶段发展的必然要求。

第二节　健康中国的内涵解析

一、"健康中国"是全民健康蓝图的终极目标

　　健康中国是中国人民在全面建成小康社会、实现中华民族伟大复兴"中国梦"新征程中向世界展示全新形象的奋斗目标。作为目标和蓝图,应设置与全面小康社会目标体系相衔接的目标和指标体系。因此,其设定的终极目标应该为:按全面建设小康社会的要求,从大健康、大卫生的高度出发,将健康融入经济社会发展各项政策,打造健康环境和健康社会,培育健康人群,发展健康产业,建立起更加公平有效的基本医疗卫生制度,形成以健康为中心的经济社会发展模式,实现人人享有健康的生产生活环境和社会环境,人人形成健康的生活方式和行为方式,人人享有有效方便的医疗卫生服务,地区间人群健康差异明显缩小,大幅度提高全民健康水平。

　　除了终极目标的确定外,还应该对其中的细分目标也有明确的制定。具体建议如下。

　　(1)营造健康环境:有效控制影响健康的危险因素,完善环境卫生和文化体育等基础设施,改善生态环境,完善健康支持性环境,建立有利于健康的自然环境,实现人人享有健康的生产生活环境。

　　(2)建设健康社会:转变社会发展模式,以人的健康为根本出发点和落脚点,完善社会制度,提高基本公共服务水平,健全公共安全保障体系,完善社会支持系统,构建和谐的社会关系,形成有利于健康的社会发展模式,实现人人享有健康的社会环境。

　　(3)培育健康人群:建立完善基本医疗卫生制度,有效防控重大疾病,全面优化健康服务,培养传播健康文化,提升健康素养,改善重点人群健康状况,形成有利于健康的生活方式和行动方式,实现人人病有所医。

（4）发展健康产业：转变经济发展模式，将健康需求作为拉动内需的重要抓手，在经济结构转型升级过程中大力发展健康服务业，推动形成有利于健康的经济发展模式。

在终极目标和细分目标之下还应设有更加具体的量化指标，这些指标可以更多地借鉴一些国外经验。

二、"健康中国"是"健康优先"发展理念的核心

健康中国是在"四个全面"战略布局引领下维护全民健康理念的创新，是为解决当前和长远健康问题而形成的一种整体性思维方式，是一个由科学健康观、科学卫生观、科学医学观等构成的创新思想和观念体系，旨在解决当前全民健康存在的突出矛盾和问题，核心是健康优先，实质是要求政府、社会和个人都树立起健康优先的发展理念，目标是构建健康友好型（全民健康型）社会。

健康友好型社会就是全社会都采取有利于健康的生活方式、生产方式、消费方式，建立健康与经济社会的协调发展、良性互动关系，是一种以健康友好为特征的新的社会发展形态。健康友好型社会要求经济社会发展的各个方面必须符合健康发展要求和规律，向着有利于维护健康的方向发展。健康友好型经济发展模式、社会发展模式、文化价值观、科技创新体系、服务体系是健康友好型社会的基本要素，也是建设健康友好型社会的基本途径和措施。

健康中国发展理念创新是引领文化创新、制度创新、发展模式创新、科技产品创新的基础。理念创新要求树立健康优先的发展理念，将健康融入所有政策，建立健康友好型社会；文化创新要求弘扬健康文化，提升健康素养，提高健康软实力和国际影响力；制度创新要求建立健康友好型经济社会发展制度、建立覆盖城乡居民的基本医疗卫生制度；发展模式创新要求建立健康优先的经济社会发展模式，转变卫生发展模式，从以疾病为中心转向以健康为中心，构建与居民健康需求相匹配的整合型医疗卫生服务体系，更好地满足群众健康需求；科技产品创新要求推动健康科技进步，不断创新健康产品和服务，为打造健康中国提供物质基础，并带动健康产业的大发展、大繁荣。

三、"健康中国"凝聚着全体社会人的共同理想

目前，我国经济发展进入新常态，必须确立新的发展理念，紧紧抓住全面建成小康社会存在的短板，在补齐短板上多用力。针对健康保障方

面存在的问题,当前亟须提高健康在经济社会发展中的优先度,进一步加大政府投入、多部门密切协作、社会多方参与、个人高度关注,形成多方共建、共享的健康发展新模式,着力提高健康与经济社会发展的协调性和平衡性。同时,由于在医药卫生领域的体制改革不断深化,改革已经进入了攻坚期和深水区,因此就更应该高举"健康中国"旗帜,凝聚改革发展共识,汇聚改革发展力量,积聚改革发展自信,最大限度调动一切积极因素,推动建立覆盖城乡的基本医疗卫生制度。

党的十八届五中全会从维护全民健康和实现长远发展出发,提出"推进健康中国建设"要求,就是将健康中国作为实现全面小康社会和中华民族伟大复兴"中国梦"的重要内容,以全民健康促进全面小康社会和"两个一百年"宏伟目标实现;要求政府、社会和个人均树立起健康优先的发展理念,把维护和增进健康融入经济社会各项政策,构建健康友好型(全民健康型)社会;以健康中国为旗帜凝聚共识、汇聚力量,深化医药卫生体制改革,建立覆盖城乡的基本医疗卫生制度和有利于健康的经济社会发展模式。

第三节　健康中国相关政策文件

一、《"健康中国 2030"规划纲要》

《"健康中国 2030"规划纲要》是为推进健康中国建设,提高人民健康水平而制定的行动纲领,于 2016 年 10 月 25 日开始实施。通过近几年的发展,健康中国建设取得了明显的成效。

（一）指导思想

为实现健康中国建设的目标和任务,首先就要确立正确的指导思想,要高举中国特色社会主义伟大旗帜,充分贯彻马列主义、毛泽东思想、邓小平理论、"三个代表"重要思想、科学发展观、深入细致地学习习近平新时代中国特色社会主义思想,切实推进"四个全面"的战略布局,贯彻落实新发展理念,坚持正确的卫生与健康工作方针,将提高人民群众的健康水平作为工作的重心,不断加强体制改革与创新,将人民群众的健康问题融入各项政策之中,为保障人民健康奠定各方面的基础。要大幅提高我国人民群众的健康水平,显著改善健康公平,为实现"两个一百年"奋斗目标和中华民族的伟大复兴奠定坚实的健康基础[①]。

（二）基本原则

为保证以上指导思想的贯彻与落实，需要遵循以下基本原则。

1. 健康优先原则

在健康中国战略实施的过程中，要始终将广大人民群众的身心健康放在重要的位置，依据社会发展的实际，制定合理的公共服务与健康政策，充分贯彻社会居民科学的健康理念，帮助社会居民建立和形成健康的生活方式，建立一个科学的经济社会发展模式，实现居民健康与社会经济的共同发展。

2. 改革创新原则

为促进健康中国战略的实施，要非常重视政府部门的力量，将政府的宏观调控与市场机制相结合，不断加快健康体制改革的步伐，创新健康新理念，打破旧有的制度藩篱，清除阻碍制度创新的障碍，建立一个符合中国国情的特色的全民健康制度体系。这对于健康中国战略的实施与实现具有重要的意义。

3. 科学发展原则

要实现健康中国的战略目标，还要充分遵循科学发展的基本原则。遵循这一原则应重点把握以下几点。

（1）严格遵循我国居民健康领域发展的基本规律，切实了解人民群众的各项生活问题。

（2）始终坚持预防为主、防治结合的基本原则，为人民群众的身心健康营造一个良好的环境。

（3）加强居民健康服务模式的改革，构建一个健全和完善的医疗卫生服务体系，不断推动健康服务体系建设。

（4）不断推动中西医结合与发展，努力提升社会健康服务水平。

4. 公平公正原则

在今后的工作中，我们要更加重视基层与农村工作，努力缩小城乡发展的差距。在健康领域实现城乡均等化的发展，切实搞好农村的基本医疗卫生服务体系建设，不断缩小城乡居民的健康水平差异，实现城乡居民

[①]　"健康中国 2030"规划纲要 [M].北京：人民出版社，2016.

各方面共同发展。

（三）战略主题

"健康中国"是一个长期的发展战略,这一战略的实施要有一定的目标和主题,只有如此,健康中国的建设才是科学的合理的。"共建共享、全民健康"是"健康中国"的战略主题。在具体的建设工作中,要始终围绕着人民群众的身心健康这一主题进行,要不断推行健康改革,以预防为主,预防与治疗相结合,建立一个完善的健康政策体系。要积极探索影响人民群众身心健康发展的各项因素并采取针对性的手段与措施加以解决。与此同时,还要大力宣传与推广健康新理念,推行正确的健康的生活方式,努力消除危害人民群众身心健康的因素,实现全民健康的目标。

在"健康中国"战略实施的过程中,要走共建共发展的基本路线。统筹好社会、行业和个人三个层面的发展,使之形成一个强大的合力,全民都要参与到健康中国建设之中,充分调动一切社会力量,加强环境治理,有效控制影响人民健康发展的各项因素,形成一个多层次、多元化的社会共治格局。另外,还要在党和政府部门的领导下,大力推动健康服务体系建设,优化各项要素配置和服务供给,不断满足人民群众日益增长的健康需求。引导社会居民形成健康的生活方式,控制那些不利于身心健康的要素,从而营造一个健康的社会文化氛围。这对于推进健康中国建设是非常有意义的。

健康中国建设的根本目的是实现全民健康。要为广大人民群众提供良好的健康服务,尽早实现全民健康的目标。而要想实现这一目标就要不断完善健康制度和服务体系,让广大人民群众都能享受到基本的医疗与健康服务。除此之外,在保证人民群众基本健康的基础上,还要针对一些特殊人群制定相关的健康政策,如妇女儿童、老年人、残疾人等的健康问题要给予一定的重视,这样才能实现社会的和谐与发展。

（四）战略目标

《"健康中国2030"规划纲要》是一个长期的发展战略,这一战略的实施与实现是有阶段性的。

争取到2020年,建立一个覆盖城乡和全社会的医疗卫生制度体系,建立一个高效的健康服务体系,让全体人民群众都能享受到基本的医疗服务和体育健身服务,构建一个健全的健康产业体系,我国的健康指标得以不断提升,走进世界先进国家行列。

争取到 2030 年,我国全民健康制度体系得以更加完善和丰富,人民群众的生活方式更加科学和合理,健康服务和保障水平得以有效提升,健康产业获得繁荣发展,主要健康指标进入高收入国家行列。到 2050 年,建成与社会主义现代化国家相适应的健康国家。

具体而言,发展到 2030 年,我国需要实现的健康中国建设的基本目标主要有以下几个方面。

1. 人民健康水平得以迅速提升

要将增强人民群众的身体素质作为一项重要的任务和工作来抓,争取到 2030 年,我国人民的人均预期寿命达到 79 岁,人民健康水平有一个大的提升。

2. 健康危险因素得以有效控制

积极宣传与推广健康中国战略,帮助广大人民群众树立良好的健康观念,建立科学、健康的生活方式,努力打造一个良好的生产与生活环境,保证食品与药品的安全,消除不健康因素。

3. 健康服务能力得以有效提升

争取到 2030 年,要建立一个优质的卫生服务和公共服务体系,为人民群众的健康做好重要的保障。努力推进科技创新,将最新的科学技术充分利用到健康中国的建设之中,努力提升我国科技创新的实力,进而推动我国健康服务水平的提升。

4. 健康产业规模得以迅速扩大

通过各种手段与政策的实施,努力构建一个科学和完善的健康产业体系,努力打造一批具有国际影响力的大型企业,走品牌化发展道路,使这些产业朝着支柱性产业的方向发展。

5. 健康制度体系得以完善与发展

建立和健全健康政策法律制度体系,实现健康领域治理体系和治理能力的现代化,不断推进健康制度体系建设,为人民群众的身心健康提供良好的保障。

二、《国务院关于实施健康中国行动的意见》

2019 年,国务院发布了《国务院关于实施健康中国行动的意见》,该意见指出人民健康是民族昌盛和国家富强的重要标志。在推进健康中国建设的过程中,首先要做好预防工作,防治结合才是正确的健康策略。要大力宣传健康新理念,提升人们的健康意识,倡导健康文明的生活方式,预防和控制重大疾病,为人们营造一个良好的生活环境。在今后的工作中,要以人民健康为中心,坚决贯彻健康中国战略,以提高全民健康水平为根本目标。

下面重点分析一下该意见的基本内容。

（一）指导思想

为充分贯彻与落实健康中国战略,要以习近平新时代中国特色社会主义思想为指导,全面贯彻党的十九大和十九届二中、三中全会精神,坚持以人民为中心的发展思想,坚持改革创新,贯彻新时代卫生与健康工作方针,强化政府、社会、个人责任,加快推动卫生健康工作理念、服务方式从以治病为中心转变为以人民健康为中心,建立健全健康教育体系,普及健康知识,引导群众建立正确健康观,加强早期干预,形成有利于健康的生活方式、生态环境和社会环境,延长健康寿命,为全方位全周期保障人民健康、建设健康中国奠定坚实基础。

（二）基本原则

1. 普及知识、提升素养

在健康中国战略实施的过程中,要把提升人民群众的健康素养作为重要的前提,针对不同的人群实施不同地方健康方针或策略,切实推进人民群众的健康教育,丰富广大人民群众的健康知识,提高人民群众的健康意识,提升人民群众的体育锻炼能力,从而实现提高人民群众健康素养的目标。

2. 自主自律、健康生活

为更好地推进健康中国战略,要引导人们树立责任理念,健康中国建设人人有责,激发人民群众参加体育锻炼的兴趣和热情,养成科学、合理的健康生活方式,实现健康生活的基本目标。

3. 早期干预、完善服务

在健康中国建设的各项工作中,要做好充分的调查与研究,针对存在的各种健康问题采取科学的干预措施和手段,要尽早发现,及时干预,制定一个合理的防治策略,推动健康服务供给侧结构性改革,建立一个完善的预防、治疗、康复一体化服务体系,努力推进人民群众健康工作的顺利进行。

4. 全民参与、共建共享

健康中国建设离不开全体人民群众的参与,社会各个部门要加强合作,政府相关部门要积极引导各单位、社区、家庭和个人积极参与到健康中国建设之中,以营造一个良好的建设与发展的局面,这样才能尽早实现健康中国的战略目标。

（三）主要任务

1. 全方位的干预健康因素

（1）大力实施健康知识普及行动,不断丰富人民群众的健康知识结构,从而为建设健康中国奠定良好的知识基础。

（2）积极推进合理膳食行动,让人们意识到合理膳食的重要性,认识到合理膳食是健康的基础,要建立正确的膳食营养习惯。

（3）进一步推进全民健身运动,倡导科学运动锻炼,提升锻炼效果。

（4）坚决实施控烟行动,在公共场合禁止吸烟,以免危害人民群众的身体健康。

（5）积极推进心理健康促进行动,不断提升人民群众的心理素质水平。

（6）努力推进健康环境促进行动,为人们营造一个良好的健身环境。

2. 维护全生命周期健康

（1）大力实施妇幼健康促进行动。

（2）积极开展中小学健康促进活动。

（3）实施职业健康保护行动。

（4）实施老年健康促进行动。

3. 防控重大疾病

（1）实施心脑血管疾病防治行动。

（2）实施癌症防治行动。

（3）实施慢性呼吸系统疾病防治行动。

（4）实施糖尿病防治行动。

（5）实施传染病及地方病防控行动。

三、《健康中国行动组织实施和考核方案》

2019 年 7 月,我国政府颁布了《健康中国行动组织实施和考核方案》(以下简称《方案》),该《方案》的发布对于我国健康中国战略的实施具有重要的作用。该方案指出要建立健全的组织机构,依托全国爱国卫生运动委员会,成立健康中国行动推进委员会,努力推进健康中国的组织实施、监测和考核相关工作。

(一)方案实施目的

该《方案》是为贯彻与落实《"健康中国 2030"规划纲要》和《国务院关于实施健康中国行动的意见》而制定的,它对于完善健康中国建设推进协调机制,保障健康中国战略的实施具有重要的作用。

(二)方案目标

该《方案》提出,建立健全组织架构,依托全国爱国卫生运动委员会,成立健康中国行动推进委员会,制定印发《健康中国行动(2019 — 2030 年)》,统筹推进组织实施、监测和考核相关工作。推进委员会主任由国务院分管领导同志担任,推进委员会办公室设在国家卫生健康委。推进委员会下设各专项行动工作组,设立专家咨询委员会。

(三)方案要求

该《方案》要求,各有关部门要积极研究实施健康中国战略的重大问题,及时制定并落实《健康中国行动(2019 — 2030 年)》的具体政策措施,提出年度任务建议并按照部署抓好工作落实,做好《健康中国行动(2019 — 2030 年)》的宣传解读。

(四)方案主要任务

1. 加强人民群众的健康监测评估工作

监测评估工作由推进委员会统筹领导,各专项行动工作组负责具体组织实施,以现有统计数据为基础,依托互联网和大数据,对主要指标、重点任务的实施进度进行年度监测。推进委员会办公室组织形成总体监测评估报告,经推进委员会同意后上报国务院,适时发布监测评估报告。

2. 做好人民群众的健康指标考核工作

考核工作由推进委员会统筹领导,推进委员会办公室负责具体组织实施,专家咨询委员会提供技术支撑。围绕健康中国建设主要目标任务要求,建立相对稳定的考核指标框架。将主要健康指标纳入各级党委、政府绩效考核指标,综合考核结果经推进委员会审定后通报,作为各省(区、市)、各相关部门党政领导班子和领导干部综合考核评价、干部奖惩使用的重要参考。

第三章 健康中国与校园足球运动的关系

　　健康中国与校园足球作为国家重视的两大政策,两者之间存在这相互促进的关系。首先校园足球运动具有巨大的生理、心理、社会健康价值,在一定程度上促进了健康中国的建设,而健康中国建设则为校园足球的开展提供了良好的社会条件。本章对两者之间的关系进行分析,以实现两者的协同发展。

第一节　校园足球运动开展的健康价值

一、校园足球运动开展的生理健康价值

（一）促进人体发育

　　（1）改善骨骼的素质。当人体从事足球运动时,骨骼的血液供应会明显得到改善。长期进行系统的运动,可使骨密质增厚,骨变粗,骨上的突起显得更加明显,骨小梁增粗,排列清晰,提高抵抗折断、弯曲、压缩和扭转方向变形的性能。

　　（2）关节囊和韧带增厚,伸展性加大。人体柔韧素质和关节的运动幅度之间有着极为密切的关系。只有各相应关节有较大的活动幅度,才能有较好的柔韧素质,人体柔韧素质和肌肉活动的协调性得到加强,就可以减少伤害事故的发生。

　　（3）促进骨骼的生长。经常进行有规律的运动,可以直接使骨骼受到良性刺激,促进骨骼的生长。根据统计,经常参加运动的青少年,比不经常运动的同龄人身高平均高出 4 ~ 7 厘米,而且比一般人长得健壮。

　　（4）经常参加足球运动,可以使肌纤维变粗,肌肉体积变大。长期、系统地从事足球运动锻炼可以使肌纤维变粗,肌肉的体积变大,因而肌肉显得发达、结实、健壮、匀称而有力。研究表明,正常的人肌肉占体重的30% ~ 40%,而经常从事体力劳动和运动的人,肌肉发达,质量可占体重

的 50%。

（5）经常参加足球运动,可使肌肉组织化学成分发生明显的变化。如肌肉内的肌糖元、肌凝蛋白、肌红蛋白等含量增加。肌纤蛋白、肌凝蛋白是肌肉收缩的基本物质,这些物质的增加,不仅提高了肌肉的收缩力量,而且还使磷酸腺等的活性加强,分解的速度加快。肌红蛋白具有与氧结合的作用,肌红蛋白含量增加,肌肉内氧的储备量也增加,使肌肉在氧供应不足的情况下,仍能进行紧张工作。

（二）改善身体机能

1. 呼吸系统

（1）增大肺活量

一般成年男、女肺活量为 2 500 ～ 4 000 毫升,而经常运动者则达到4000 ～ 5500 毫升,甚至更大。据调查研究发现,一般人运动时每分钟最大通气量为 80 升左右,最大吸氧量为 2.5 ～ 3.5 升,只比安静时大 10 倍;而常运动的人,每分钟通气量达 80 ～ 120 升,最大吸氧量可达 4.5 ～ 5.5升,比安静时大 20 倍。

（2）增强缺氧耐受力

经常参加足球运动锻炼,可使呼吸中枢的稳定性和灵活性都得到明显的改善,因而对缺氧的耐受力较强,能负荷的氧债量大,调节呼吸的节奏和形式的能力较强,在剧烈肌肉活动时,氧的吸收率、利用率较高,氧极限水平较高,因而胜任剧烈肌肉工作的能力较高。

（3）呼吸深度增加,频率有改变

在安静时,一般人的呼吸浅而快,每分钟男子为 12 ～ 20 次,女子要比男子快 1 ～ 2 次;而经常运动者呼吸深而缓,每分钟 8 ～ 12 次,以机能省力的方式来维持其需要。

（4）对呼吸系统疾病有预防和治疗的作用

经常参加足球运动可使新陈代谢旺盛,心肺功能得到增强,提高身体的抗御能力,还可使呼吸道毛细血管更加密实,上皮细胞的纤毛活动和肺内的吞噬能力得到加强,这样就能及时消除进入呼吸道的病毒,减少感染和发病的机会。

2. 消化系统

经常参加足球运动,可以使肝及肠胃等器官引起一种类似的按摩作用,有效地防止内脏下垂和便秘等疾病的发展。另一方面也促进和改善了这些器官自身血液的循环。由于血液供应充分,新陈代谢加强,使肝和胃肠道消化器官的功能得到增强,这就有利于器官病变的康复。

3. 心血管系统

(1)改善心血管系统的机能

①反应快。运动开始后,能迅速动员人体心血管系统的功能,以适应运动的需要。

②恢复好。运动时机能变化大,运动后恢复期短,但运动一停止很快恢复到安静水平,并出现机能节省化现象。

③潜力大。进行高强度的运动时,在神经和体液的调节下可发挥心血管系统的最大机能潜力,充分动员心力储备。

(2)促使运动性心脏增大

经研究发现,经常参加足球运动锻炼可使心脏增大。病理性增大的心脏是扩张、松弛、收缩时射血能力减弱,心力储备低;而运动性增大的心脏,外形丰富,收缩力强,心力储备高。因此,运动性心脏增大是对长时间坚持有一定运动负荷锻炼的良好反应。

(3)有益于窦性心动徐缓

坚持足球运动锻炼的人,一般可使安静时的心率减慢。实践证明具有某些耐力优秀的运动员安静心率最多可降低到 36 ~ 40 次 / 分钟,这种现象称为窦性心动徐缓。

(4)改善全身微循环

坚持足球运动锻炼可使血管壁肌层增厚,提高血管壁的弹性,改善全身的微循环,以有利于血液的流通和人体在工作、学习过程中所需氧气和营养物质的供应。

(5)对心脏病具有很好的防治作用

坚持长期的足球运动,能防治心血管系统的疾病,这已被世界各国医学界所公认。坚持足球锻炼不仅能增强心脏的机能,而且对心血管疾病,如冠心病、心肌梗死、高血压、低血压、动脉硬化症等,起到很好的防治作用。

4. 神经系统

(1)足球运动能促进大脑的生长发育。足球运动锻炼能使人体血液循环加快,血流量增多,使脑细胞得到充足的氧气和营养物质,从而促进脑细胞体积增大,代谢旺盛,进而促进智力的发展。

(2)促使兴奋与抑制功能的平衡。根据高级神经活动的负诱导规律,运动中枢的兴奋性增强,会使其他中枢的兴奋性得到抑制,大脑因此得到积极性休息。大脑的兴奋和抑制更加集中,就会提高人们的学习和工作效率,增强人脑的记忆力和智力水平,还能预防因功能性神经衰弱等神经系统机能障碍而引起种种疾病的发生。

（3）促使大脑皮质兴奋性得到增强。人体的各种行为都受神经系统控制,经常参加足球运动,可使神经系统的兴奋性和灵活性都得到提高,从而使大脑神经细胞工作能力提高,反应加快,动作更加灵活迅速、准确协调。

（三）提高身体素质

1. 提高速度素质

在足球比赛中,临场情况瞬息万变,根据球以及对手的位置和意图不断变化,有时也根据本队特别的战术安排,在场上要不断改变跑动的方向、距离、路线及节奏。距离一般在 5 ~ 15 米,这种情况约占 80% ~ 90%;有时也有超过 30 米的冲刺跑。跑的路线各异,有直线、曲线、折线、弧线等。节奏不一,根据临场具体情况的需要,慢跑与快跑、急跑与急停、前进与后退,在跑动中突然变向跑等。跑的开始姿势有站立、走动、慢跑、倒地等。

足球比赛中,球员要随时改变方向,控制球和应对突然的情况,以及位移时重心稍低,步频快,步幅稍小(无球和较长距离位移时例外),比赛中要进行大量的冲跑和在快速跑动中完成技术动作,对于反应速度,动作速度不仅是一种考验,也是一种锻炼。经常从事足球运动有利于提高速度素质。

另外,足球运动具有鲜明的速度力量特点,其中有大量的快速急停与突然启动,变速变向跑要求运动员要有相当的力量,在激烈的对抗中要想争取时间并抢得空间,必须具备快速的反应和快速的启动速度和位移速度。只有具备了快速移动的能力,才能使技术战术得到有效的实施和发挥。

2. 提高力量素质

一身发达的"腱子肉",绝不是靠休息和娱乐获得的。事实证明,长期踢足球健身,对提高人的力量起着重要的作用。

在足球运动中,由于肌纤维的主动收缩与放松,大大促进了肌肉中的血液供应和代谢过程。肌肉中有着丰富的毛细血管,仅在 1 平方毫米的肌肉中,就有上千根毛细血管,当肌肉安静时,肌肉中的毛细血管仅有很少一部分开放,在踢足球健身时,肌肉内毛细血管才大量开放,这就使肌肉得到更多血液供应,带来更多氧气和养料,使肌肉内代谢过程大大加强。这样肌纤维内的蛋白质增加,肌纤维逐渐粗壮,肌肉内供能物质含量也得到增加,肌肉的结缔组织弹性改善,使肌腱更具弹性,更有韧劲。

3. 发展柔韧性

影响一个人的柔韧性有很多因素,其中通过足球健身可以有效地使影响柔韧性的因素得到改善,进而发展人体的柔韧性。

（1）增强关节周围组织的功能

柔韧性的表现主要来自骨关节,而骨关节结构因受先天的影响而存在难于改变性,所以,发展骨关节周围组织是加强关节柔韧性的有效措施。

关节的稳定性主要取决于韧带和肌腱的质量,肌肉则从关节外部补充加固关节力量,控制关节运动幅度,它们共同作用,限制关节在一定范围内运动,从而保护关节不超过活动极限而出现损伤。当具体发展某一关节的柔韧性时,主要发展控制关节屈、伸肌的伸展性及协调能力,牵拉限制关节运动幅度的对抗肌,增加它们的伸展度。为了力求达到关节的最大解剖伸展度,就必须在完全克服对抗肌的限制后继续拉伸,从而牵拉到肌腱,最后才拉伸到韧带,所以,所谓的"拉韧带"实际上首先是对肌肉、肌腱的拉伸。

（2）产生适合于柔韧性功能改善的体温

当肌肉温度升高时,加快新陈代谢,提高供血,降低肌肉的黏滞性,从而会提高肌肉的弹性和伸展性,增强柔韧性。影响柔韧性的温度因素包括外界环境温度和体内温度,体内温度的调节用于调节外界环境对机体产生的不适。当外界温度较低时,必须做好准备运动,把身体活动开,以提高肌肉温度,从而增加柔韧性;当外界温度较高时,应排除汗液降低温度,以免肌肉过早出现疲劳,导致关节的柔韧性降低。

4. 培养灵敏性

（1）快速灵活地改变身体状态

在足球比赛中,球员经常做出急停、突然变向、转身、跳起顶球等不同的动作,身体的状态常常会影响到动作的效果,因此运动员要根据实际情况,快速灵活地改变自己的身体状态,以完成相应的技术动作,并保护自己不受伤。

（2）及时调整身体平衡

在足球运动中运用各种技术动作,常常会在非正常的状态下或者是身体失去平衡状态下完成的,如倒地射门、下地铲球等。在完成这些动作时,运动员要及时调整身体姿态以保持协调,从正常的身体平衡进入非正常的身体平衡,当完成了这些动作之后又要即刻恢复正常的姿态,比如倒地后迅速爬起。

（3）协调巧妙地保持人球结合

足球运动是一项对抗性极强的运动。为了摆脱或避免对方的防守和冲撞,或者是出于战术目的或无意的犯规,常常要利用对球的控制来吸引对手,使对手防守时失去身体重心或抢球动作的发力点或时机,从而使自己保持人与球的紧密结合。

在足球运动中,运动员的灵敏素质是运动技能和各种素质的综合表现。它要求运动员在极短的时间里具有很好的判断能力,并且在完成动作过程中能准确、协调地处理好全身的各部位与对手或球之间在时间上、用力上、节奏上、空间变化上的合理关系。

二、校园足球运动开展的心理健康价值

（一）提高认识能力

足球运动要求运动者在快节奏的运动过程中既要能对来球做出迅速准确的感知与判断,又能迅速调整、协调自己的身体以完成相应的技术动作。通过长期的锻炼,促进运动员认识与感受能力的发展,提高反应速度和直觉判断能力,更加敏捷和灵活。

（二）培养意志品质

意志品质是指一个人的目的性、自觉性、自信性、坚韧性、自制力以及勇敢顽强和主动独立等精神。意志品质在人们克服困难的过程中得以体现和培养,人在运动中越能克服困难也就越能培养良好的意志品质。通过踢足球,能够让运动员在精神和意志上得到磨炼,是培养意志品质的重要途径。

（三）获得良好情绪体验

足球运动对心理健康产生影响的主要标志之一就是改善人的情绪状

态。情绪状态是人的自然需要是否得到满足而产生的一种体验。足球运动直接可以带来欢愉和快乐，让参与者缓解焦虑和不安，从而实现改善心理健康的目的。伯格研究认为，有规律地从事中等强度活动的锻炼者，每次活动 20 ～ 30 分钟有利于情绪的改善。

通过足球运动的替代作用，能直接减轻或消除情绪障碍。人在社会生存中会遭遇到各种各样的事情，有的是生活上的，有的是工作上的，还有人际关系上的，等等，有时情绪难免会受到负能量影响。到绿茵场上踢踢球，能使不良的情绪状态得到改善，心理承受能力得到提高。

（四）处理应激反应

足球运动具有减轻应激反应以降低紧张情绪的作用，通过意志上的锤炼，增强大学生的心理坚韧性。相关学者指出，与不爱运动的人相比，长期踢球的人更少出现生理上的应激反应，如果有也能尽快地从中恢复过来，这说明足球健身在降低应激反应上有积极作用。人在工作学习中往往会出现情绪上的波动，容易产生过度的应激反应，因此进行足球健身是十分有意义的。

（五）形成集体荣誉感

集体荣誉感就是无论在何时何地都能意识到维护集体荣誉的重要性和必要性。足球运动是一项集体运动项目，它需要多人间的相互协作与紧密配合，需要一支团结的队伍。在全体球员的默契配合中，与对手斗智斗勇，经过艰苦的争夺后获得最后的胜利，从而获得满足感与成就感，增强团队凝聚力。因此，足球运动能让运动者在自己掌握基本技术的前提下，提高与他人合作的配合技能，体会到成功是靠集体的默契配合、情感的投入才能取得，而不是仅靠个人的一己之力就能取得。

三、校园足球运动开展的社会健康价值

（一）形成良好价值观

作为文化观念的核心，价值观充分体现了文化精神，具体来说，所谓的价值观，是指人们对社会经济活动的价值判断或价值取向。在现实生活中，同样的事物对有的人有价值，对有的人则没有价值，对有的人价值大，对有的人价值小，人们在认识了事物及其属性的基础上，从自身需要

的角度出发,确定各种事物是否有价值及其价值大小,从而将人们活动的价值取向确定下来。

不同的历史时期、不同的社会制度,对人们价值观的差异性起着重要的决定性作用。但是,人们的价值观又必须与自身所处的时代实现高度的统一,才能成为真正的社会人。社会的价值观尽管因时代、制度不同而对价值观所包含的内容的价值取向不统一,但都与对和平、自由、平等、自尊、幸福、才智、成就、友谊等具体价值内容所持的态度和行为有着不可分割的联系。足球运动因其宗旨、方式、结果都对价值观所涵盖的内容具有积极的影响作用,因此,它对于塑造人们适应当今社会的正确价值观有着积极的促进作用,具体表现在以下几个方面。

1. 足球运动使人们和平相处

人们渴望和平,追求安定,只有世界和平、社会安定,才能有经济的发展、社会的进步、人民群众的安居乐业。虽然足球运动是竞争,但它是建立在统一规则基础上的和平竞争,足球运动能够使人的和平行为得到规范,足球运动在潜移默化中使人们养成了和平的价值趋向。

2. 足球运动体现自由与平等

从足球运动所包含的内容和要求来说,它对肤色、贵贱、种族、信仰和性别都没有任何要求,人人都可以参与,人人都可以拥有。由此可见,足球运动构建了一个平等的使每个人都乐于接受、通俗的使每个人都可以接受的模式,在这种平等的意识里,人的尊严、人的权利真正得以展现。鉴于足球运动在人们的参与中处处让人领悟到机会的均等,所以,它处处体现着人与人的平等,使人从参与中深深感触到足球运动的自由。足球运动的平等参与、平等拥有,促使人们以平等的观念去处理自己要处理的一切,对形成人与人平等的观念和行为产生着重要的影响。

3. 足球运动教人付出

大到体育健儿奥运赛场上为国争光,以吃苦耐劳、持之以恒的付出换取领奖台上辉煌;小到每一个体育锻炼者的坚持锻炼,以自己挥洒的汗水换取自身体质的增强。足球运动在付出与收获上的因果关系,最能直接地使人们领悟获取成功要靠平时的奋斗,辉煌的成就是由汗水铸成的。所以,通过足球运动,能够有效培养人们拼搏进取的人生观。

（二）适应社会角色

人要在社会中生活，就必须在满足社会各方面需要中，寻找每个人的位置，扮演某一角色，而真正达到适应社会成员的条件，就需具备承担某一角色的知识和能力。不同的社会角色区分了社会行业和每个社会成员的职业，不同社会角色成员的组合，构成了五彩缤纷的社会。足球运动依其场上位置的分工与协作要求，锻炼着每位参与者的适应性。

在社会结构中，需要各司其职的人员组成。每一个社会角色，都代表着有关的行为期望与规范。足球运动，恰好能为人们体验社会角色提供优越的环境与适宜的条件，可为人们提供尝试社会角色的各种机会。

个人在由足球运动而结成的社会关系中所处的地位，就是所谓的足球运动中的角色。这种地位有其权利、义务和相应的行为。比如，足球课上的教学比赛，两队各自的前锋、前卫和后卫等各个角色，都是在自己所处的位置上，通过与该位置相适应的角色行为而产生相互的社会关系。再比如，足球守门员和场上队员，由于承担的角色不同，守门员可以在规定的区域内用手触球，而场上其他队员就只能用手和手臂以外的其他部位触球。场上队员只要不与守门员交换身份，就没有在该规定区域内用手触球的权利和义务。另外，权利与义务又伴随着行为过程而发生。所以这个权利、义务与行为的总体构成了指定的角色。在由足球运动而结成的社会关系中，每个角色都有获胜的权利、获得嘉奖的权利和按照规则进行技术动作行为的权利。同时也有遵守足球运动规范、道德规范和技术规范的义务。运动场景在许多时候都是通过角色学习出现的。同时，群体内的每个角色或位置又是相互关联的。群体的目标是以每个成员在群体的关联中获得信赖而得以实现的，并对每个角色的地位起着重要的决定性作用。

通过足球运动中角色的学习，可以使练习者懂得社会角色是与人们的某种社会地位、身份相一致的一整套权利、义务的规范与行为模式，也可使练习者体会到经过个人努力是可以成功扮演各种角色的，从而认同人的主观努力是改变社会地位的重要途径。

（三）形成现代生活方式

社会生活条件会在一定程度上制约着生活方式，其中，生产方式、社会政治制度、文化观念等是影响较大的几个方面，能够使生活方式留下时代的印记。经济快速发展、科学技术高度发展、生产劳动自动化和效率化、文明程度不断提高和物质生活空前丰富是现代社会的发展趋势的重要表现。民主与法治逐步健全,使人们拥有了更多的民主和自由权利,对社会生活、政治生活的参与热情上升。科学技术在为人类提供了现代化的工作与生活条件的同时,也给人们带来了过度的心理刺激。"注意力稀缺"、不断面临新的选择、不断适应新的情况等,使人压力重重。如果不能适应现代社会生活的高节奏,就会在生理上或心理上出现障碍,最后导致所谓"现代文明病"的发生和人体健康水平的下降。

总的来说,足球运动对现代生活方式的影响和作用主要表现在以下几个方面。

1.缓解和转移疲劳

随着生产力水平的不断提高,脑力劳动负担日趋增长,而体力劳动则逐渐下降。因劳动而产生的疲劳,也从全身性转向大脑局部、转向高级神经系统。劳动性质的变化,又势必导致人们生活方式的变化,并对人们身心健康产生不良影响。

由于足球运动具有实践锻炼特性,它不仅可以通过肢体的运动,使高度疲劳的神经系统得以休息,疲劳发生转移,而且,也能够使精神紧张得到缓解,全身的平衡得到调整。所以,足球运动在现代化生产劳动的生活方式中,发挥的弥补和协调作用也越来越大。它能够使现代化生产劳动给人们所带来精神的和肉体的不适应得到有效避免和消除。

2.提高人们的适应能力

由于生活节奏的加快,人们不得不调整顺应新的生活节奏,而足球运动就成了重要的适应性锻炼手段。从相关的一些实验和社会调查中得知,经常参加足球运动的年轻人,对生活节奏的改变的适应能力较强。究其原因,主要是由于在足球运动中人们所掌握的多种运动技能和快速运动的方式及节奏感,对于他们在完成各种生产、生活动作时,做到准确、协调、敏捷,减少多余动作出现较为有利。参加足球运动对人体的神经系统、心血管系统的锻炼,能够使人体对快速节奏生活的应变能力和耐受能力得到有效的提高,同时对于人们克服对快节奏生活的抵触、恐惧、烦怨和焦虑等心理障碍,抑制身心紧张也是较为有利的。除此之外,足球运动还能够使人们的生活空间得到扩展,它号召人们到户外去,到大自然的怀抱中去。在人类社会中再没有其他运动能给人们提供那么大的空间,让人们最能回归天真烂漫的本原。

3. 丰富余暇生活

由于余暇时间的增多,余暇运动自然而然地成为人们现代生活的一部分,融入了现代生活方式之中。余暇运动的内容包括很多方面,但随着人们健康意识的增强,已经有越来越多的人将足球运动作为余暇运动内容。在余暇时间里进行足球运动,不仅能够使疲劳的身体得到积极的休息,使人们精力充沛地再投入工作学习,而且还能够有效增强体质,使体格更加健壮,从而有效提高身体各方面的适应能力。所以,为适应现代生活方式,增强人的社会适应性,就应该提高对足球运动的认识,更好地掌握这种自我锻炼的方法。

(四)增进社会沟通

个体社会化过程中,首先要面对的是建立好人际关系。人际关系将人与人之间的互动连带其中所获得的心理满足充分体现了出来。没有相互交往,个体的社会化过程就实现不了。在社会活动中,人们相识、交往的过程必定会产生心理效应。人们在日常生活、工作和社会活动中会谋求与他人建立一定的感情联系,满足心理需求。友好和亲近的关系会带来正面心理满足,对身心健康起到积极的促进作用。相反,厌恶和仇视的关系带来压力和焦虑,对于身心健康是有害的。所以,人际关系的本质是人的情感的社会交换,而良好的人际关系则是良好社会关系的具体表现。具体来说,足球运动在人际关系方面的功能主要体现在以下几个方面。

1. 提高沟通能力

一个人与他人沟通及关系的状况,是其生活品质的最为主要的方面。生活的丰富、事业的成功,与别人稳定情感关系的建立和维持,都与沟通有着不可分割的联系。试想一个不具有沟通能力的人,怎么能与他人交流思想感情?一个不具备完全、准确表达个人意志和意图的人,又怎能让对方给予充分的理解和支持?而足球运动是集体运动,不管是球队内部、球队之间都需要有效的沟通,经常参与足球运动,能够使人的沟通能力得到有效提高,并且形成良好的人际关系。

2. 有助于理解和使用身体语言

作为沟通的有效方式之一,正确理解和使用身体语言是社会交往过程中必须具备的能力。从不同的身体姿势所代表的含义中,可以理解对方的寓意,也可以通过身体语言向对方表达自己内心真实的感情。缺少了身体语言的沟通能力,不仅可能对对方的身体语言表达置若罔闻,不能进行准确的诠释,使信息发出者得不到应有的反馈信息,而且,也有可能让别人觉得你是一个情感淡漠、不易接近的人。

作为社会文化的组成部分,足球运动在劳动人民的创造和实践中,不断地丰富着它艺术表现的内涵。所以,世人曾用优美的词句把足球运动的动作赞美成"巴西桑巴""欧洲拉丁舞"。足球运动在提高人的身体语言表达能力方面的作用是无与伦比的。即使是普通的足球动作,也能够使参与者的协调和柔韧性得到一定程度的提高,使参与者在练习中寻找美的身姿,在练习中体会动作外观与内涵的统一,提高身体语言理解能力,在社会交往中充分发挥其作用。

3.有效改善社交技能

足球运动是一种集体项目,每个队员在其担当的角色中都应很好地尽其角色的权利和义务,达到与同伴的协作和默契配合。老师或教练的评价是阶段性的,观众的评说又带有滞后性。因此,自己改进技术动作、调整比赛战术的重要手段就是随时随地进行自我意识的体会。通过足球运动所形成的自我意识行为,在不断运动实践中将变为一个人的自觉行动,将这种能力运用到社会交往中,就可以对自己的真实面目和别人对自己言行的真实反应有一定的了解,使自身的社交能力得到一定的提高。

足球比赛经常出现因某一队员故意犯规而激怒对方,裁判员的反判、错判而造成队员的情绪激动,因比分落后而出现急躁,或因胜利在望而放松警惕等情绪状况,在此状态下队员也会表现出一系列特殊行为,如能准确判断和迅速采取相应措施,比赛就有可能发生转机。如果把足球比赛中所养成的对别人所表现出来的真实的情绪状态和行为作准确理解的习惯运用于社会交往中,就能够掌握如何对别人做出恰当而又为社会所接受的反应,从而使社交能力得到有效的提高。

(五)培养竞争意识和合作精神

1.培养竞争意识

现代社会是一个处处充满竞争的社会,只有竞争才会有机会,只有竞争才能发展,人要适应社会的发展,就必须要有强烈的竞争意识和竞争精神。美国普林斯顿大学的一份研究报告指出:现代社会的生产和生活方式更接近于体育中的比赛,在机会均等的条件下,谁的节奏更快,竞争意识更强,谁就有可能占据优势,从而取得成功。

要想在激烈的竞争中站稳脚跟,就必须要坚持不懈地努力,培养自己不甘落后、勇于开拓、不畏艰难、奋发进取的意识和精神。足球运动在培养人的进取动机和竞争精神方面都具有特殊的作用。这种作用主要表现在以下两个方面。

第一,强化竞争意识。足球运动最大的特点就是竞争性强。竞争的本质就是超越他人和超越自我。这种竞争性从一开始就已深深植入运动参加者的主体意识之中。不论是参加比赛,还是参加竞争性游戏或竞争性练习,都是为了取胜,为了更好地表现自我,而且在比赛、游戏过程中,同伴们的相互鼓励和决心,自身的求胜意识,以及对手的影响,使这种竞争意识不断得到认同和得以强化。

第二,培养竞争精神。足球育运动的竞争性表现为在实现目的(如射门、学习技术、完成动作等)的过程中,往往要受到来自各个方面的挑战和阻碍,其中有对手的、环境的、自身心理和生理上的,在克服这些内外因素的影响、争取目标达成的过程中,有利于培养足球运动参加者不畏困难、勇于进取的竞争精神。我们要积极利用足球运动的特点,因势利导,有目的、有意识地培养人的进取动机和竞争精神。

2. 培养合作精神

现代社会的发展需要人具有强烈的竞争意识,同时也需要与人合作的精神。合作是指在人际交往过程中,个人或群体基于某种共同的目的,彼此经过协调作用而形成的互相帮助、互相依存、互相提携、团结共进的联合行动,是一种社会互动性行为。21世纪是高科技迅速发展、知识经济占主导地位的时代。在这样的时代里,科学知识日益丰富,科学技术飞速发展,社会关系复杂,要想有所作为,必须要与他人合作,那种只顾个人不讲团队精神的人,绝不可能适应社会发展的要求。在日常生活中,要强调和培养人的参与和合作精神。合作已成为全球发展的大趋势。

足球运动能够强化人们的合作意识,培养人们的团队精神。在足球运动中,个人能力的发挥至关重要,但合作始终占有主导地位。这种合作是建立在行动的目标完全一致的基础之上的。集体中的每一个成员都要正确认识个人与集体、自己与同伴之间的相互关系,将自己融入团体之中,感受合作的作用和力量。在足球竞赛中,参加者既要充分发挥个人的主观能动性和技术、技能优势,又要加强与同伴之间的合作,这是实现共同目标、争取优胜的唯一途径。如每一次战术运用的成功,都是队员间相互协同合作的结果,而且是一种要求尽善尽美的合作。足球运动中的这种合作不仅仅是运动场上直接参加者的合作,而且扩大到运动场外同团体的人群,如"拉拉队"的摇旗呐喊,"智囊团"的出谋划策,后勤服务的周到细致,等等。这种合作已不是以获胜为简单的目的,而是体现了建立在团队精神基础上的情感与道德的升华。在足球运动过程中培养和形成的这种团队意识和团队精神,迁移到其他活动领域里,将对人的一生产生重要的意义。

第二节　校园足球开展对健康中国建设的意义

一、校园足球运动的开展是健康中国战略的有力支撑

2016 年 10 月,中共中央、国务院印发《"健康中国 2030"规划纲要》,提出推进健康中国建设。党的十九大报告提出实施健康中国战略。2019 年 6 月 24 日,国务院印发《关于实施健康中国行动的意见》,提出实施中小学健康促进行动等 15 个专项行动。教育部高度重视中小学健康促进行动,着力增加体育课、课外锻炼和健康教育,减轻中小学生不必要的学业负担,从加强师资、场地、设施、制度等方面,保障实施中小学健康促进行动。

校园足球运动的开展作为中小学健康促进的重要途径,有力地支撑了我国的健康中国战略。

校园足球运动的开展有利于深化学校体育教学改革。通过深入推进校园足球等项目改革,可以全面落实健康中国行动中规定的学生每天校内一小时、校外一小时体育活动时间,帮助学生通过体育锻炼"享受乐趣、增强体质、健全人格、锤炼意志"。

目前,校园足球取得阶段性进展和显著成效,已经开启 2.0 新时代。2015 年 6 月,教育部等六部门印发《关于加快发展青少年校园足球的实施意见》,全国青少年校园足球工作坚持"教学是基础,竞赛是关键,体制机制是保障,育人是根本"的发展思路,凝练出"踢出快乐,拼出精彩"的校园足球精神,青少年校园足球推广布局工作进展顺利,教学训练和竞赛选拔体系不断完善,师资、场地、科研和经费等保障条件建设稳步推进,建成足球特色幼儿园 3572 所、校园足球特色学校 27059 所、试点县(区) 160 个、"满天星"训练营 80 个、改革试验区 38 个、招收高水平足球队高校 181 所。五年来,1255 万人次参加四级联赛,3 万人次参加全国夏(冬)令营,认定 1328 名全国最佳阵容队员,认定 13888 名中小学生国家足球运动员等级。培训教师 35 万人次。新建、改扩建 32432 块校园足球场地。

1700 余名教练员和 347 名学生赴国外培训和比赛。校园足球也充分发挥了示范引领作用。深化教体融合,深入推进推广、教学训练、竞赛、样板、荣誉、一体化推进、科研、宣传引导等"八大体系"建设,着力推广普及,加强教学训练竞赛,打通升学通道,强化师资培训,推动场地建设,深化国际交流,持续宣传推进。校园足球试点示范逐见成效,有益经验和模式逐渐推广到校园篮球、排球、网球、冰雪运动、武术、游泳、机器人运动等项目上,教学体系不断健全,学校体育教学改革全面推进,成为推动教育改革发展的重要力量。

二、校园足球运动的开展成为健康中国建设的重要手段

健康中国战略的体系非常庞大,健康中国的内涵凸显了体育是跨界构建健康中国"预防体系"的关键途径。相对于其他手段,体育可以说在促进健康方面有着天然的优势,它绿色、经济,且对人的全面发展有重要作用。足球作为体育运动的一种,在世界范围内有着极大的影响力,而且其具有趣味性、开展方便性以及具有悬念性等特点,受到青少年学生的喜爱和欢迎,这些特点都决定了校园足球可以作为健康中国建设的重要手段,且能切实发挥其重要作用。

三、校园足球运动的开展是健康中国实现的重要保障

青少年是国家的未来和民族的希望,促进青少年健康也是我国实施"健康中国"战略的重要内容。"健康中国"是基于中国社会现实和人民对健康的全面需求而提出的,从健康治理上回应了中国深化改革的基础所在,这一基础不仅指向社会的全面健康,也指向民族和国家的未来,即青少年。青少年的健康发展在一定程度上是"健康中国"的目标所在,少年强,则中国强,少年体育强,则中华民族强。体育之于健康,健康之于青少年,青少年之于国家和未来,四者之间的天然关系,奠定了青少年体育在"健康中国"中的重要地位。在 2016 年 8 月的全国卫生与健康大会上,习近平总书记强调,要重视少年儿童健康,全面加强幼儿园、中小学的卫生与健康工作。随后颁布的《"健康中国 2030"规划纲要》(以下简称《纲要》)更是具体到青少年人群的运动技能、运动时间以及场地器材等方面的规划。这均表明青少年体育在"健康中国"这一宏伟蓝图中的突出地位。

而校园足球活动的开展符合青少年身体素质发展规律,有利于培养青少年积极健康的心理素质。让足球运动进入校园,一方面,充分利用校

园的各项优势,包括场地器材设施等硬件条件和师资力量以及特有的学习环境等软件条件,优化配置资源,通过系统的教学方法和专业的师资队伍,从青少年的身心发展角度出发,培养优质的足球后备人才;另一方面,通过对青少年足球文化的熏陶,在无形中唤醒民族意识和振奋民族精神,弘扬爱国主义精神,同时培养青少年终身体育意识,对我国由体育大国向体育强国迈进奠定坚实的基础,也为健康中国的实现提供保障。

第三节　健康中国建设对校园足球发展的意义

一、健康中国建设为校园足球发展提供理论基础

近些年来,国家重视足球运动的发展,并推动了足球进校园,开展了校园足球运动。校园足球运动的开展,一方面是为培养足球运动后备人才,是发展我国足球事业的需要。另一个方面就是改变我国青少年学生体质健康水平不断下降局面,促进学生全面发展的需要。

而健康中国的提出,对健康做了全面的解读,并对我国国民健康的目标、任务等做了具体的规定,这在一定程度上为我国校园足球运动的开展奠定了理论基础,体现了校园足球开展在健康方面的重要意义,也为校园足球的发展指明了方向。

二、健康中国建设为校园足球发展提供政策支持

随着健康中国概念的提出,一系列相关的政策文件得以出台,这些政策文件的出台,为健康中国的实施指明了方向和措施,同时也有利于健康中国建设。前面已经提到,校园足球运动在促进青少年全面健康方面有着积极的意义,基于这一考虑,校园足球运动也是健康中国建设中应该大力推进的。因此,可以说,健康中国建设为校园足球发展提供了政策支持。

三、健康中国建设为校园足球发展提供群众基础

国家提出健康中国建设,甚至将其作为国家战略,体现了国家对国民体质健康的重视。在这样的社会背景下,随着健康中国等相关政策文件的推进,我国国民的健康观念会更加深入,也会更加重视自身的健康问题,采取多种措施提高自己的健康水平。鉴于足球运动的巨大健康价值,

有很大机会会成为人们进行锻炼的重要选择,而在人们了解了足球运动的巨大价值,并从参与中得到切实感受时,便会支持校园足球运动的开展。从这层意义上看,健康中国建设为校园足球的发展提供了群众基础。

第四章 校园足球运动开展的相关分析

校园足球的开展有其社会背景和原因,而且受到多方面因素的影响,只有了解校园足球发展的前世今生,了解其发展现状以及存在问题,才能采取针对性措施,促进其未来发展。本章对校园足球运动开展的诸多方面进行分析,涉及背景及原因、影响因素、现状及未来发展。

第一节 校园足球开展的背景及原因

一、校园足球开展的背景

校园足球这个概念是在中国特定的环境下产生的,自 1994 年开始,中国足球开始实行职业联赛制度,但是效果并不好,出现"假、黑、赌"等问题,技术水平日渐下降,世界排名越来越低,观众越来越少。特别是后来足球运动的发展遇到瓶颈,2007 年足协决定组建 U17 国家队,但是可以选择的小球员不够 100 人,青少年足球资源极度匮乏,令人担心中国足球未来的发展。

另一方面,学生体质还有待提高。与 2010 年相比,2014 年我国城乡学生身体形态发育水平,包括身高、体重等指标有所提高,肺活量呈现上升趋势,城乡学生营养不良的检出率进一步下降,重、中度营养不良的情况基本消失,中小学生的速度、力量、耐力等身体素质终于出现稳中向好的趋势。

学生们的体质状况在近几年整体有所提升,但依然还存在很多问题,学生整体身体素质下降,视力水平逐年降低,出现低龄化的现象,肥胖率持续上升。

过去我国青少年足球的培养体制是以足球学校为培养模式,这种模式的弊端就是不利于我国足球后备力量的培养。目前,我国青少年足球的主要发展方向是体教结合。

为了全民贯彻党的教育方针,切实提高青少年学生体质健康的水平,很多专家也呼吁学校开展校园足球,让足球回归校园,为我国青少年足球培养后备力量,推动足球运动的普及和提高。

2009 年,国家体育总局和教育部联合颁布《关于开展全国青少年校园足球活动的通知》,正式开启了校园足球的活动,对提高我国足球运动的整体水平起到了积极作用。目前在大中型城市中校园足球得到了普遍开展,然而农村校园足球运动并没有开展起来,足球运动在农村地区没有得到普及。因此,扩大城镇足球人口、推动下级联赛成为中国足球取得发展进步的基础。

2011 年 7—8 月,中国足协在一些试点地区组织男女足球夏令营活动,如成都、潍坊、香河、秦皇岛等地,参加夏令营的小学生达到一千六百余人。足球夏令营的举办,提高了青少年足球竞技水平,促进了足球事业的发展进步。

2014 年,国务院颁布《关于加快发展体育产业促进体育消费的若干意见》,提出要重点发展校园足球,随后开始普及校园足球四级联赛制度,构建小学、初中、高中、大学一条龙体系。

2015 年 7 月,教育部联合中央六部门下发《关于加快发展中小学校园足球运动普及的实施意见》,提出校园足球运动普及与提高阶段性改革等措施,立足国情,计划长远,全力培养全面发展的足球后备人才,提升中国足球整体水平。

二、校园足球开展的原因

(一)促进青少年全面发展

足球运动的相关活动和竞赛的长期开展,校园足球运动的不断推广与普及,使学生在潜移默化中形成运动意识和健康意识,促进学生良好生活习惯的养成,这不但有利于学生身体素质健康水平的全面提高,也有利于促进学生和谐发展自身的德、智、体、美、劳等品质。

(二)改革体育教学模式

在足球教学的传统模式中,足球课程的中心与重点是足球运动技术教学,这一模式对课堂结构过分强调,使教学模式不能适应素质教育所要求的教学目标与任务,这也使得足球教师与教练员的创造性在无形中受到了不良的影响,足球课程形式单调重复,学生对足球运动的求知与求学的积极性受挫。而校园足球活动的开展是将教学与体育完美结合,有利于体育教学模式的创新发展。

(三)突破我国足球困境

我国当前的足球困境举世皆知,不仅足球实力堪忧,而且在赛场上出现了一些"假球""赌球""黑哨"等恶性事件,这些都使中国足球跌入谷底。期间,虽然在 2013 年,我国足球俱乐部首次问鼎亚洲足球俱乐部奖,燃起了中国多年来的职业足球发展的星星之火,但却未见燎原之势。

校园足球的开展与发展是我国走出足球困境的突破和希望所在,因此,我国将足球后备人才的培养纳入学校教育体系中,贯彻素质教育思想和全面发展的方针,以学习为主,坚持业余训练的原则,通过学校足球与俱乐部、学校相结合的方式促进足球回归教育,使得学生形成良好的足球参与习惯,为我国足球运动培养优秀的后备人才。从这一层面来说,大力发展校园足球也是为我国培养足球后备人才,突破我国足球困境的必由之路。

(四)发展我国体育事业

长期以来,我国的足球运动发展水平与世界足球强国之间具有较大的差距。近些年来,中国足球进入了低谷,无论男足还是女足,无论成年队还是青少年队,都在国际赛场上难以有所作为,中国足球的水平还有待提高。

我国足球运动的可持续发展过程中,发展校园足球是其重要的方面。通过开展校园足球运动,能够增加足球人口,提高青少年的足球素养,从而为足球运动的发展提供后备人才资源。国家对足球发展的重视还体现在,中国足球协会对中国青少年足球"十二五"发展草案(征求意见稿)进行了特别制定。

第二节　校园足球开展的影响因素

一、社会因素

（一）经济

经济是社会发展的基础，也是体育活动开展的基础。通常，一个地区的经济发展水平越高，政府和社会投向体育领域的资金就越多，反之就越少。因此，一个地区的体育投入水平取决于这个地区的经济实力。

校园足球活动开展的规模、水平和速度，归根到底取决于经济发展水平，取决于经济发展所能为校园足球活动提供的物质条件，取决于经济发展带来的个人经济状况以及由此引发的人的观念、思维方式和行为方式的变化。[①] 经济对校园足球活动的影响具体表现在校园足球活动经费投入、学校足球场地建设及器材配套等方面。

（二）政策

政策法规也是影响校园足球活动开展的一个重要因素。只有在国家出台的完善的政策法规的引领下，校园足球活动才能顺利开展。从实证的意义上说，政策法规是由国家制定或认可的，并以国家强制力为后盾的行为规范的总和。社会政策法规本身对人们的行动和社会的发展具有引导功能，具体表现在明确目标、指导行动等方面。

政策法规同样对学校体育活动具有重要的引导功能，这通过"阳光体育工程"的例子就能体现出来。"阳光体育工程"是在 2006 年年末由教育部、国家体育总局、共青团中央共同决定，从 2007 年开始在全国各级各类学校中广泛实施的学校体育活动。校园足球活动之所以能够顺利开展，也正是借助了"全国亿万学生阳光体育运动"的成功经验及成果，而且与《关于开展全国青少年校园足球活动的通知》《全国青少年校园足球活动的实施方案》等政策文件的出台与实施有密切的关系，这些文件中明确提出了如"校园足球联赛""指导员培训"等内容的具体安排，正是因为有此类政策的指导，校园足球活动才能在全国范围内有条不紊地开展。

---

① 陈超.校园足球活动在辽宁省布局小学的开展现状及影响因素分析 [D].沈阳体育学院，2010.

（三）舆论

当今社会人们获取信息的渠道越来越多,而社会媒体也理所当然地成为信息社会的主流,成为人们生活中不可或缺的重要组成部分。校园足球活动要想获得更多的关注和更快的发展,就必须依赖来自社会各界方方面面的报道与支持。学生、家长、教师以及社会各界需要通过电视、报纸、杂志、网络等媒介获取足球信息。当然,媒体报道的足球负面新闻也会影响人们的足球观。我们需要利用社会媒体等信息平台去积极宣传校园足球的阳光形象,让更多的人认识足球运动积极的一面,并认可与支持校园足球。

目前我国对校园足球的推广与宣传缺乏系统的信息传递渠道,校园足球活动的媒体宣传仅仅停留在新闻报道的层面,缺乏跟踪报道。所以,我们要借助更多的社会媒体工具来关注校园足球活动的点点滴滴,多向社会传递校园足球发展的良好势头,以获得更多的支持与帮助。

二、家庭因素

家庭的教育功能是学校所无法取代的,尤其是在培养青少年人格方面。如果家长对校园足球活动的认识存在缺失,他们就会提出一些不合理的建议,从而阻碍校园足球活动的进一步发展。

家长在日常生活中对孩子的体育教育既是社会体育教育的基础,又是学校体育教育的延伸。培养家长的足球兴趣会促使孩子产生这方面的兴趣,从而促进校园足球的发展。一些家庭没有参与足球运动的动机和需求,这对孩子参加足球运动是不利的。只有家长对足球运动感兴趣,才能带动孩子参与这项运动,使孩子在参与过程中锻炼体质、培养意志,甚至发展成为优秀足球后备人才。

观看足球比赛是非常好的一种亲子互动方式,家长和孩子可以利用这个机会相互沟通与交流,增进情感。家庭是孩子最有力的支撑,是促进校园足球可持续发展的关键因素之一。如果孩子在参与足球运动的过程中能及时和家长进行有效沟通,解决家长的困惑,那么家长也将会认为足球是一项非常有意义的活动。

三、学校因素

（一）管理因素

学校管理者是校园足球活动的决策及管理者,他们对校园足球活动的态度将在很大程度上影响校园足球的发展。现在,很多学校管理者把在校园内普及足球运动作为开展校园足球活动的主要任务,并以塑造高素质足球人才为标准。校园足球活动不再是单纯组织学生参与足球活动、参加校园足球联赛。为了顺利开展校园足球活动,校园足球办公室在活动开始前进行周密的准备工作,准备期间组织一批管理干部进行业务学习,组织学校管理者召开研讨会,并开展指导员培训班,活动期间各地区体育部门与教育部门有明确分工。以上这些积极举措代表了一种决心与信念,有助于促进校园足球的健康发展。

校园管理者对校园足球主要进行整体管理,而指导员对校园足球活动的管理是比较具体的。校园足球指导员对活动的管理体现在对球队训练的管理、对比赛的管理等方面。在校园足球活动中,指导员的任务主要是引导学生正确参与足球活动,给学生传授足球技能,让学生体验足球运动的乐趣。

（二）组织因素

校园足球能否受到学生的喜爱,关键要看学校的组织,学校组织的足球活动少、足球比赛少和足球队训练时间短严重制约了校园足球的开展。现阶段,中小学的校园足球活动主要是常规的足球课和少数几次足球比赛,针对足球队和足球俱乐部举行的活动只局限于少部分学生参与,而常规足球课时间较短,以学习足球基本功为主,而足球比赛针对足球技能较好的少部分学生,所以导致很多学生不能真正参与到校园足球活动中,学校的趣味足球活动和足球文化活动开展较少,活动内容单一成为造成校园足球参与度低的一个重要原因。

足球队训练是学校针对热爱足球的学生特别组织的足球活动,为培养学生足球爱好者的专业足球技能,足球队一般每周训练三四次,每次训练 1 ~ 1.5 小时,但对热爱足球的学生来说,每周训练次数和训练时间远远不够。足球队训练中有很长时间是采用小型足球比赛或自由练习的形式进行训练,足球教练员带领训练的时间很少。而且足球队的训练内容和训练方法和平时足球课的区别不大,训练内容较简单和单调,所以影响了足球队整体实力水平的提升。

（三）场地因素

足球运动的开展需要宽阔的场地,场地要有优质的材质,这是足球运动顺利开展的基础保障。校园拥有环境良好的足球运动场地和充足的相关设施,是顺利开展校园足球活动的重要硬件因素。如果场地小,设施不齐全,则必然影响校园足球活动的开展。

（四）师资因素

校园足球的发展离不开足球教师的教育教学工作,足球教师制订与实施校园足球教学计划,组织课外足球活动,指导学生参与足球活动,所以足球教师的业务与水平影响着校园足球活动的开展质量。学校要重点招聘身体素质强、专业技能好、拥有先进教学理念和掌握了丰富教学方法的足球教师,或者说要把现有教师培训成具备这些条件的教师,提高足球教师的专业素养,从而为校园足球活动的开展提供良好的条件。

四、学生因素

（一）学生认知

一些家长和文化课教师不支持学生踢足球,一是担心受伤,二是担心影响文化课成绩,家长和教师的错误认知严重影响了学生对校园足球活动的认知,一些学生认为参加足球活动肯定会影响文化学习或肯定会受伤,所以干脆不接触这项运动,远离足球,最终导致校园足球活动的参与度低,阻碍了校园足球活动的开展。

（二）学生能力

青少年时期是身体发育成长的最关键时期,青少年学生积极参加体育锻炼,能够有效促进心脏、骨骼和肌肉的发育,获得强健的体魄,从而为学习与生活提供身体保障。当前,我国一些青少年学生的身体素质状况不容乐观,部分体能不达标,而足球项目需要良好的体能,这些学生因为身体的原因而不愿意参加校园足球活动。

足球运动除了需要很好的体能,还对技战术提出了一定的要求,复杂的技战术需要学生通过长时间的练习才能掌握和熟悉。青少年学生学习能力有限,对足球了解不多,或者只是将其当成一种游戏,而要真正学习足球技战术,他们就会认为足球运动很难,如果在学习中遇到不好掌握的技术,他们很容易放弃,甚至会产生厌学情绪。这就需要教师调整校园足球教学内容,根据学生的学习能力合理安排教学内容,循序渐进地指导学生掌握足球基本技能。

第三节　校园足球开展的现状分析

一、校园足球运动的发展历程

我国校园足球运动的发展经历了以下三个阶段。

（一）萌芽阶段

我国校园足球运动发展的第一个阶段就是萌芽阶段,在这一阶段中,出现了一些比较突出的系列比赛,如"希望杯""幼苗杯""萌芽杯"等。在 20 世纪 80 年代初期,团中央、教育部以及原国家体育委员会共同下发《在全国中小学生中积极开展足球运动的通知》(以下简称《通知》),该《通知》要求在学校按照不同的年龄阶段划分来组织足球比赛:6 ~ 11 岁年龄阶段的学生参加"萌芽杯"比赛;12 ~ 14 年龄阶段的学生参加"幼苗杯"足球比赛;15 ~ 16 岁年龄段的学生参加"希望杯"足球运动比赛。

当时,校园足球活动的开展对学校有着巨大的吸引力,全国足球发展较为先进的城市中,有 1000 多所学校积极参加此项活动。然而,因为有些学校的参赛队单纯重视比赛成绩,经常通过运用行政命令来把所在地市的优秀足球运动员集中起来,使之作为一些学校的参赛队来参加比赛,获取优异的成绩,这一行为严重影响了比赛的公平性,也挫败了其他学校参加足球比赛的积极性。因此,仅仅持续三年之后这项比赛便不再存在。尽管足球比赛消失不见,但是一些地区的青少年业训工作仍然在有序地开展。可以说,20 世纪 80 年代校园足球运动的萌芽与兴起为当代我国足球运动的发展奠定了一定的基础条件。

（二）停滞阶段

我国足球运动的发展随着足球职业化进程的加快而迅速进入了一个新的发展时期。然而,从校园足球运动自身的发展情况来看,其开始进入一个停滞发展的阶段。这主要是因为职业俱乐部对一线足球训练比赛队投入了大量的精力与支持,几乎不再重视青少年校园足球运动,也不再继续为青少年足球运动而投入。与此同时,一些办学质量参差不齐的足球学校在社会上不断涌现,这些学校中大部分都是为了收取高额的学费,很少将注意力集中在对学生足球竞技水平的培养上,这些足球学校在建立初期出现了一段时间的蓬勃发展,但之后便停滞不前,发展受阻。这一时期严重影响了我国足球运动的发展,"业余体校—省队—国家队"是原来经过几十年才建立起来的三级训练体系,这一体系在停滞阶段完全崩溃,最终解体。此外,注册青少年足球运动员的人数不断下降,中国足球的发展面临着尴尬的处境。

（三）快速发展阶段

为了促进我国足球运动整体水平的不断提高,促进学生身体素质的全面加强,国家体育总局和教育部在 2009 年共同下发了《关于开展全国青少年校园足球活动的通知》(以下简称《通知》),该《通知》要求,对城市的各中小学校进行严密布局,使这些学校积极支持并全面实施开展校园足球运动,对从小学阶段到高校时期的各级各类比赛进行建立,并使之不断趋于完善,将足球理论知识与实践技能在青少年学生中进行广泛宣传与普及,创建健康文明的校园足球文化,加强对青少年足球后备人才的科学培养,使后备人才全面发展足球素养,并且突出自身的特色。为了响应《通知》的要求,还制定了相应的"实施方案",该实施方案对全国青少年校园足球活动的开展的一些重要问题进行确定,如确立了指导思想;制定了开展各级足球竞赛的目标与任务;成立了组织机构;制定了工作方针;对学校招收学生的资格和要求也有所明确,并出台了经费管理等政策。同年,在世界范围内,国际足联(FIFA)第一次提出了"草根足球发展计划",这一国际性的足球发展计划中包括了我国将足球运动向广大中小学生进行普及与推广的工作。

2009 年 5 月,国家体育总局经过研究做出决定,为了解决校园足球活动开展的经费短缺问题,从体育彩票公益基金(向社会募集)中每年提取 4000 万元,作为解决这一问题的重要举措。这些资金为顺利开展校园足球运动提供了物质保障,其用途是极其广泛的,如对足球运动器材与联赛硬件设施加以补充、建设足球运动场地、为学生缴纳保险金、专业培训相关人员、对训练营和足球文化节进行组织与实施、对足球运动加以宣传与推广等项目,这些专项开支都有利于校园足球活动开展的顺利进行。

在毛泽东同志题词"发展体育运动,增强人民体质"的 57 周年纪念日(2009 年 6 月 10 日),全国青少年校园足球活动的启动仪式在国家体育总局和教育部两部委的协调配合下顺利举行,全国青少年校园足球活动工作领导小组这一相关领导机构也开始成立。开展校园足球运动这一工作的主要目的是使青少年学生的足球竞技水平在体育与教育协调配合发展的条件下不断取得提高,同时也是为了促进校园足球运动文化的创建。班级与学校之间的足球联赛是开展校园足球运动的主导,校园足球活动的开展同时也是依托对青少年足球运动员的培训而进行的。

2009 年 10 月 14 日,山东青岛开始首次举办全国青少年校园足球活动中的小学、初中足球联赛。出息这一联赛开幕式的有刘延东(中央政治局委员、国务委员),其为全国第一批校园足球布局城市(44 个)亲自授牌,在随后的足球工作座谈会中,刘延东也有参加,并且在会上发表了重要的讲话。

由上述可知,中国体育和教育部门经过共同合作对足球的普及与推广,对校园足球甚至全世界足球的发展都产生了积极的影响与作用。鉴于此,国际足球联合会在 2009 年 12 月 21 日,对中国体育和教育部进行了表彰,将"足球发展奖"授予中国足球协会。

2010 年 6 月 25 日,浙江杭州举行全国校园足球论坛。

2010 年 12 月,大连举行全国青少年校园足球工作座谈会,一些重要人物在此次座谈会上发表了重要的讲话,如刘鹏(国家体育总局局长)、蔡振华(国家体育总局副局长)、刘利民(教育部副部长)、韦迪(足球项目管理中心主任)都做了重要的讲话,讲话内容主要是对下一时期开展校园足球活动工作的重点进行明确。

2011 年 7—8 月,在中国足球协会的领导下,10 期男女足夏令营活动(男足有 6 期,女足有 4 期)在一些试点地区举办,如成都、青岛、潍坊、西宁、香河、清远、秦皇岛等,在这几期次夏令营活动中接受培训的有 1588 名小学生。足球夏令营活动的开展极大地促进了校园足球运动的发展,也促进了我国青少年足球竞技水平的不断提高,从宏观角度来看,其也促进了我国足球事业的发展。

2015 年,《中国足球改革发展总体方案》的实施为我国足球运动的发展指明的方向,作为促进中国足球运动发展的重要途径之一,校园足球运动也得到了重视和关注,进一步得到推动发展。

二、校园足球运动的发展现状

（一）总体概况

1. 相关政策

2015 年出台的《中国足球改革发展总体方案》将足球纳入学校体育课的教学内容，计划到 2020 年完成 5 万名校园专、兼职足球教师的培训工作等，2025 年将扶持 5 万所中小学校园足球特色学校。

由全国校园足球领导小组制定的《关于加快发展青少年校园足球的实施意见》中提到了具体实施措施，包括校园足球的整体布局、创新足球课程教学、创建足球青训基地、储备足球后备人才，以此促进校园足球的发展。

体育作为一种教育手段，是实现"增强学生体质健康，提高学生运动能力，培养学生健全人格"目标的重要途径，方式方法多种多样，有羽毛球、田径、游泳等。选择校园足球作为学校体育改革的重要手段，主要因为足球是世界第一大运动项目，影响深远，受到国际社会的广泛关注，另外，足球具有很高的锻炼价值，很强的适应能力，足够的趣味性，也符合青少年的年龄特点，特别是在农村，场地条件差、师资力量薄弱，足球门槛低，更便于推广。

2. 辐射作用

校园足球的终极目标是教育人，通过校园足球会实现育人的目的，学生们通过校园足球，可以增强体质，增进健康，健全人格，提高学生的运动能力。校园足球和竞技足球不一样，校园足球的最终目的是教育，其次是竞技比赛，试图通过校园足球寻求有效增强青少年体质健康的道路。

发展校园足球不是排斥其他运动项目，要发挥校园足球的辐射作用，带动集体类运动项目的开展，合理安排体育教学的内容，丰富体育课程，改善场地实施等硬件条件。校园足球与其他集体类体育运动项目形成相互促进、相互支持的学校体育发展格局，学校有很多特色体育项目，学生对哪个项目感兴趣，就可以参与哪个项目的教学课堂，实现体质健康、运动技能和人格素养三方面的共同提高。

（二）管理模式

国家体育总局与教育部共同成立领导小组，组织领导全国范围内的校园足球工作,各省(市)参照这种管理模式,由体育部门和教育部门共同成立省(市)校园足球领导小组办公室,具体负责校园足球的开展情况(表4-1)。

表4-1 校园足球的管理模式

主要机构	负责事务
中国足球运动管理中心和教育部学生体育联合会秘书处	校园足球宏观上的组织、协调和落实工作
地方体育部门	(1)指导具体的竞赛组织 (2)专业技术训练
地方教育行政部门	(1)培训师资 (2)组织各类活动和比赛 (3)运动员学籍和注册管理 (4)制定校园足球教学大纲和教材

国家体育总局在活动开展初期每年从体育彩票公益金中拨付专款4000万元,2013年起增至5600万元,主要用于开展校园足球活动。校园足球经费的管理和使用坚持专款专用,各地还可以通过多种多样的方式开发市场资源,接受企业和社会团体的资助。

经费的用途主要是校园足球赛事的运作和组织,校园足球的宣传推广,训练器材等硬件设施的购置,教师和裁判员的培训等。

(三)竞赛模式

1. 城际联赛

在推进各地普遍开展校园足球竞赛的基础上,我国已建立全国校园足球联赛竞赛体系,按国家统筹、分级管理的原则,从小学到大学共分为四个层级:小学足球联赛五人制、初中足球联赛七人制、高中足球联赛十一人制、大学足球联赛十一人制。

每个赛季按照学年分为上、下两个赛季,区、县进行选拔赛会筛选出一部分名额,然后进行城市校园足球联赛,联赛可采用主客场双循环制或集中赛会制。2013年下发《全国校足办关于开展全国青少年校园足球城市内高中、大学联赛的通知》,保证了校园足球四级联赛体系的有机衔接。目前,已有44个城市开展了城市内高中校际联赛,21个城市开展了大学校际联赛。

2012年,创设全国校园足球冠军杯赛,这是目前校园足球中水平最高的比赛,推动不同城市和学校间校园足球的相互交流,给参赛球员提供一个公平、高水平、高质量、高规格的比赛平台。

2. 足球夏（冬）令营

足球夏（冬）令营的内容主要是校园足球比赛、校园足球指导员培训、校园足球文化交流等活动,时间持续一周。全国校足办统一组织的各地夏（冬）令营、冠军杯分区赛和总决赛选拔出来的希望之星和玫瑰之星有资格参加足球夏（冬）令营,12 岁以下运动员进行 5 人制比赛,12 岁以上运动员进行 8 人制比赛,全国校足办为参加人员提供食宿和一定的装备,各布局城市负责差旅费。

3. 国外交流

全国校足办在中国足球协会的批准下,逐步开展赴国外交流比赛的活动,2013 年组织了 16 名 11 ～ 12 岁的小球员赴美国克利夫兰参加"大陆杯国际青年体育节",青少年足球运动员到国外交流学习,可以增长见识,促进不同国家校园足球文化的交流。

（四）培训工作

随着校园足球活动逐渐普及开来,参与这项运动的青少年也越来越多,随之而来的问题便是缺少相应优秀的足球专业体育教师或指导员,加强对体育教师的培训是当务之急。

1. 国内培训

在全国校园足球领导办公室的科学规划下,2015 年教育部全面启动了全国青少年校园足球国家级专项培训工作,内容包括校园足球行政管理人员培训、体育骨干教师培训、裁判员培训等 5 个子项目。培训的教育部门领导、行政管理人员总共达到 3 000 余名,中小学校长 2 000 余名,中小学骨干教师 5 400 余名,教练员、裁判员和退役运动员 800 余名。截至2017 年,国家和地方累计培训了 23 万多名体育教师和足球教练员,大大提高了他们的教学技能和专业素养。

（1）培训对象

全国校足办每年都会组织很多期各类培训,对象包括校园足球指导员、业务工作人员、参赛学校校长等。

（2）培训内容

根据青少年足球的发展理念,不同年龄阶段青少年的身心发展特点,着重于研究足球运动项目的特点,培训足球运动的教学、训练和比赛,足球技战术和价值,培训内容从原先的规模发展转向质量提升,培训更具有针对性、迫切性和实效性。

（3）培训规划

全国校足办负责制订年度培训计划,组织各地有序开展培训工作。各地区校足办根据实际情况制定符合本地区各类人员的培训计划,将计划贯彻落实,安排教师奔赴各地进行培训,培训结束后教师负责上报学员的成绩和学习情况,对各地的培训效果进行评估,表彰奖励优秀学员并给予一定补助。

（4）培训要求

培训时间一般是 1～2 天,指导员和裁判员的培训一般是 3 天,培训的形式主要是集中授课、专题讨论、实践课和观摩课等形式。

2. 国际培训

2014 年,中国大学生体育协会与法国大学生体联正式签署《中法校园足球合作谅解备忘录》。

2015 年起,将从校园足球试点学校中选派优秀教练员前往法国留学,拟确定每年选派 6 期留学班赴法留学,学期为 3 个月,总规模约240 人。

国际足联与中国足协签订的一项援助项目是国际足联草根讲师暨指导员讲师培训班,培养新讲师 90 人,培养精英讲师 80 人,初步建立初、中、高三级指导员培训体系。邀请国际足联讲师克里特先生、叶任强先生和美籍青训专家汤姆先生,来华参与夏(冬)令营的授课工作。

组织校园足球指导员和裁判员参与国际间的培训,主要可以提高参训人员的专业素质和技能,他们了解校园足球发展的相关理念以及学生身心的发展规律,提高教练或教师的执教能力。

（五）宣传工作

校园足球主要通过多种媒介进行宣传推广工作,全国校足办通过多种途径宣传校园足球的作用和政策导向,营造良好的校园足球氛围,宣传了校园足球的工作经验,先进工作者的感人事迹,引导学生、家长、教师等群体的共鸣,让他们能够积极参与到校园足球活动中来。

1. 纸媒

全国校足办与《中国体育报》《人民日报》《体坛周报》等报纸媒体签订了合作协议,每周或每年定期为校园足球整版或半版进行宣传报道。

杂志《校园足球》是专业报道校园足球的双月刊,每期发行3万册,每年出版12期,发送至国务院、体育总局、教育部等部门,其电子版挂至校园足球官方网站,吸引了大批读者。

2. 电媒

全国校足办与中央电视台新闻频道、体育频道等电视台建立了长期合作的关系,对校园足球进行了大量宣传和报道。

3. 网络

在网络宣传方面,校园足球发展初期,全国校足办就与腾讯公司合作建立了全国青少年校园足球官方网站——中国青少年校园足球官方网站,该网站栏目设置包括官方通告及媒体通知、校园足球电子杂志、精彩图片和视频等板块内容。

全国49个布局城市全部开通地方校园足球官网及官方微博,82座城市正在逐步完善校园足球官方网站,网站的内容包括学校链接、成绩公告、比赛照片等内容。将校园足球的活动信息第一时间传播给受众,展示校园足球的风采。

大型网站媒体,如新浪、搜狐等也设置了校园足球专栏,腾讯体育等经常会对校园足球的活动进行报道和评论,影响力与日俱增。网站和微博深得学生、家长、老师的关注,点击率直线上升,有利于校园足球活动的推广。

三、校园足球运动开展中存在的问题

(一)学校不重视

目前,据不完全统计,我国的中小学学校数量大概有30多万所。校园足球活动的相关计划被提出之后,开展这些活动的在30多万所学校中仅有2200所。这一数据表明开展校园足球运动的比率十分低,造成这一局面的主要影响因素有各地经济发展存在差异;学校、家长及中小学生对这一活动的认识不足等。足球运动这一体育项目具有一定强度,有时需要通过身体对抗才能完成,学校和家长经常会担忧学生因为参加足球运动而引起一些运动性的损伤或疾病,也担心这一运动会影响学生的正常学习。此外,校园足球运动的开展目的是提高学生的身体健康水平,还是对中国足球后备人才进行培养,这一问题没有得到明确,存在着两级分歧。校园足球运动的开展进程滞后就是在很大程度上受到认识不足的制

约。在我国,学校对"万般皆下品,唯有读书高"的价值观十分推崇,体育活动在学校教学中难以提高地位与影响力就是受这一价值取向的影响。一些学校为了达到提高升学率的目的,经常占用体育课的时间,用这部分时间来督促学生学习文化课程。这种情况直接导致校园足球活动的开展只是一句口号,只是空谈,没有切实的行为来支持与参与这一活动。

（二）关注度不高

在我国长期以来,足球运动的发展水平较低,这与人们对足球运动的关注程度不高具有一重要的关系。人们的关注程度较低,使得足球运动水平不高;足球运动水平的下降则又会使得人们参与足球运动的积极性受挫。从而形成恶性循环。

我国足球运动的发展水平低下属于一个社会问题,解决社会问题需要借助社会各方面的集体力量。校园足球运动的开展受到制约这一问题不仅仅关系到体育部门与教育部门两个系统机构,不是说只要这两个部门集体参与就能够解决这一问题。

尽管很多人都意识到,培养足球后备人才能够促进我国足球竞技水平和成绩的提高,然而校园足球活动的开展并没有引起社会各方面的广泛关注。所以要使校园足球运动的开展得到保障,需要使青少年校园足球活动融入整个社会的系统发展中。

（三）部门不协调

教育部门与体育部门是两个独立的部门,而在开展校园足球运动时,需要两者进行相互协调,共同努力。但是,我国体育部门与教育部门之间缺乏沟通与合作。

一方面,因为体育与教育两个部门属于两个不同的系统,二者是相对独立的关系,长期以来都没有密切的沟通,二者的独立关系也使校园足球运动在开展中出现了许多矛盾与问题。因为足球比赛的安排通常比较少,因此就阻碍了中小学生通过参加比赛而提高自身的实战能力与技术水平。此外,学校中还出现了足球老师和教练员职称分属不同序列的现象,这就极大地浪费了学校的师资,这种问题对校园足球活动的开展具有制约作用,同时对我国青少年足球的发展也有不利影响。

一些青少年足球运动员的竞赛水平有限,而且难以在比赛中发挥正常的训练水平。针对这种问题,还没有十分有效的解决措施,这一问题的解决也不是单独依靠几个部门就能够独立完成的,校园足球活动的长远发展需要依靠社会各方面力量的集体参与,尤其是要加强体育部门与教育部门的集体协作。

（四）政策没保障

尽管近些年与校园足球有关的一些政策与文件开始出台,然而校园足球运动的开展依然受到政策无法落实或政策规定的实际问题缺乏等的制约。在这些问题中,各种政策性问题如校园足球教练员的角色地位、工资补助、准入要求、培训等较为突出。因此对校园足球运动开展造成影响的制约因素中,体教部门的关系不和谐是关键。

国家体育总局和教育部发起了校园足球活动,对这一活动的宣传与推广离不开地方体育局和教育局的合作与贡献。然而,从目前的实际情况可知,地方体育局和教育局仍是两个互不干涉的独立部门,没有建立二者的协同合作机制。足球比赛或者由体育部门这一独立的系统组织,或者由教育部门这一独立的系统组织,二者几乎没有交集。教育部门主要负责管理学校体育,体育部门主要负责管理竞技体育,校园足球活动的开展需要这两个独立的主管机构团结协作,发挥合力的作用,同时也要有明确的分工,积极整合优势资源,这一需要要求建立二者的合作联动机制。倘若这一合作机制无法建立,就不能保障校园足球活动的顺利开展与持久发展。

（五）资金投入少

为了使校园足球运动得以顺利启动与快速发展,我国各政府主导部门不断投入大量的资金来给予其一定的保障。每年国家体育总局都会从体彩公益金中提取 4000 万元作为开展校园足球运动的活动经费。然而我国是一个人口大国,这部分资金所发挥的作用仅仅是引导、奖励、资助及保障。2009—2013 年,全国有 2200 多所中小学参与了校园足球活动,有超过百万的参与人数。通过粗略计算可以得出,参与校园足球活动的中小学学生每人每年仅仅能够获得 40 元的资助,随着消费水平的日益高涨,40 元的资助都无法购买一双足球鞋。

如今,校园足球活动的开展过程中,最为突出的问题是对建设足球场地的投入问题。

校园足球运动的开展面临着资金短缺的问题,仅仅靠国家体育总局和中国足球协会投入资金是无法解决这一问题。校园足球运动的开展离不开全国各省市以及社会各界力量的支持与贡献,加强各方力量的集体协作才能使校园足球活动的持续开展得到保障。

第四节　校园足球的未来发展

一、扩大校园足球文化影响

校园足球文化未来将会成为全国性的文化及大众化的文化,为了加快这一转变,现在必须将校园足球布局城市的主流媒体资源乃至全国的主流媒体资源充分利用起来,并加强地方媒体资源与全国媒体资源的有机融合,实现二者的协调运转,利用媒体资源加大对校园足球的宣传力度,使校园足球的影响力进一步扩大,使群众对校园足球形成更加全面与深刻的认识,使校园足球获得社会各界的认可与支持,甚至达到全民树立校园足球理念的目标,这必然能够进一步推动校园足球的快速发展,使校园足球在现有的发展基础上实现更大的突破。

各地的校园足球项目负责人要积极与当地的媒体部门寻求合作,将发达的网络媒体资源的开放性传播功能充分发挥出来,通过多种形式的宣传来增强品牌效应。在传播过程中,不管是传播形式,还是传播内容,都要体现出创新,如此才能对全民尤其是对青少年学生产生更强大的吸引力。

此外,各布局城市加快建设校园足球官网也很重要,官网的知识内容及新闻报道要及时准确地更新,要不断丰富官网的内容,提升官网的质量。

现在,新媒体传播工具已经成为人们日常生活中非常重要的一部分,如微信、微博等,发展校园足球,可以合理运用这些媒体工具,从而及时推广信息,与大众密切互动,如此能够有效提升校园足球在不同年龄人群中的影响力,从而为校园足球的快速发展奠定良好的大众基础。

二、完善校园足球发展计划

校园足球工作主要由教育部门负责,但足球是体育项目,发展体育运动,需要体育部门发挥职能与作用。因此,体育部门应与教育部门协调配合,真正推动校园足球活动在全国范围内的广泛开展。要实现校园足球的持续健康发展,需要制订与完善发展计划,并在计划实施过程中加强监督与管理。校园足球发展计划包括教学计划、训练计划、竞赛计划等,积极完善这些计划,并加大检查与管理力度,可以保证学校正常开展足球活动,以更好地向青少年学生普及足球知识和文化,营造良好的校园足球文化氛围,提升校园足球发展水平。此外,在校园足球发展计划的制订与完善中,还要将校园足球人才培养计划融入其中,以依托学校教育资源培养品学兼优、各方面素质综合发展的青少年足球人才。

三、确立清晰的培养目标

作为阳光体育的重要组成部分之一,校园足球活动的广泛开展对于促进学生体质健康水平的提高具有重要现实意义。此外,扩大足球人口规模,选拔优秀的足球后备人才,为推动中国足球事业的发展而培养与输送优秀人才也是校园足球发展的重要战略意义。一般的学校体育课外活动以学校为主导,以培养学生的运动兴趣、增强学生体质为目的,而校园足球与这种一般的课外体育活动不同,它是由教育部门和体育部门共同发起的充分融入学校体育并在学校之间建立起广泛联系的活动,开展这项活动主要是为了推广普及足球运动,增加足球参与人数,促进学生全面发展,并挖掘与培养优秀的青少年足球后备人才。因此,先普及、后发展才是校园足球的目标,普及与发展是递进关系,校园足球是我国为普及足球运动而采取的一项重要手段,也是为培养足球人才而开发的一条重要途径。

四、提供制度和组织等保障

校园足球在全国范围内已有 49 个国家级布局城市,这些城市在组织开展校园足球方面具有承上启下的重要作用,建设校园足球特色学校,构建"特色学校 + 试点县(区)+ 改革试验区"为一体的校园足球立体发展格局。

加强对全国校园足球特色学校的指导与监管,树立校园足球教育教学典型,完善校园足球特色学校的选拔机制,通过校园足球的教学典型,带动校园足球的发展,建立考核评价与监督管理办法,健全校园足球特色学校的退出机制。

各地应根据国家出台的相关校园足球发展的指导性文件,结合本地区经济、社会等条件的实际情况,对校园足球的长远发展进行规划设计,研究确定本地区各小学、中学、大学学生开展校园足球的实施步骤,逐步推进校园足球的发展进步。

在有条件的地区和学校开展以足球为特色的"一校一品"体育教学改革,将校园足球作为推进学校体育教学改革的突破口,规范指导校园足球特色学校的教学工作,重新设定体育教学的目标和效果评价体系,更加注重学生运动技能的培养。

应参照国家层面的校园足球领导小组进行组织机构设置,由当地教育、体育等组织共同构成领导有力、运作高效的组织机构,推进地区校园足球可持续发展就有了组织保障。

教育部在 2018 年 2 月 1 日的新闻发布会中指出我国青少年校园足球特色学校在 2017 年 7 月已达 20218 所,并将在 2018—2025 年再创建 3 万所足球特色学校,使总规模达到 5 万所。期间各地应主动寻找财政支持,盘活社会资源,增加资金投入,有计划地逐步对现有场地实施改造修缮,补充运动器材和设备,社会球场免费向学生开放,把校园足球场地建设纳入城市足球场地建设规划中去。

完善校园足球师资力量的待遇政策,做好后勤保障工作,推进校园足球活动动态管理模式,因地制宜建设一批简易实用的足球活动场地,为校园足球运动的开展提供物质支撑。健全校园足球奖惩机制,积极推进动态管理模式奖惩分明,充分调动一切积极因素。

五、解决经费短缺的问题

校园足球活动的顺利开展是以充足的经费作为基础保障的,只有解决经费短缺的问题,校园足球活动才有可能按计划开展。虽然现在校园足球获得了政府层面的支持,政府设置专项经费扶持校园足球,经费投入也有所增加,但因为我国开展校园足球的学校数量多,每所学校开展足球活动都需要经费支持,所以政府提供的经费就显得有些不足,无异于杯水车薪,有限的经费制约了校园足球的无限发展。对于这个问题,要重点从以下两个方面来解决。

第一,政府层面继续加大经费支持力度,从体育彩票基金中划分出一定比例的资金投入到校园足球的发展中。地方政府也要适当增加投入比例,对现有的校园足球经费机制加以完善,探索新机制,以最大程度地支持校园足球的发展。

第二,为缓解政府的财政压力,学校要尽可能争取社会力量的支持,从社会层面获取经费来支持校园足球的发展,也就是多引进民间资本。这就需要学校在遵守国家相关规定的基础上,利用互联网技术和新闻媒体工具多渠道宣传校园足球,以调动社会企业、足球相关组织机构投资的积极性。学校可以和当地足球组织、足球俱乐部或体育企业等联合开展公益性质的足球活动,以扩大校园足球的影响力,吸引赞助商投资。

六、加强基础设施的建设

校园足球教学、训练、竞赛等各项活动的开展都离不开足球基础设施,只有完善校园足球基础设施建设,才能为校园足球活动的顺利开展提供基础保障。在建设校园足球基础设施的过程中,必须将学校的客观实际条件作为首要考虑因素,在立足实际的基础上对建设工程进行科学规划,以促进校园足球基础设施结构的优化、质量的强化以及利用率的提升,使校园足球教学、训练和比赛等一系列活动的开展需要得到充分满足。

国家针对校园足球出台的相关文件和政策中指出,在条件允许的情况下,学校要建设 1 块以上标准足球场地,如果条件不允许,则根据实际情况建设适合本校的足球场地,总之都要开展校园足球基础设施建设工作,不能让学生没有踢球的场地。各校在规划足球场地建设工程时,应考虑本校的场地条件、资金条件,规划要有可行性,甚至还要结合本地区的足球场地建设规划来进一步分析,以盘活本地资源,综合利用足球场地,满足更多人的需求,以免造成资源浪费。一些学校尝试与社会、社区共建足球场地,这样不仅可以使学生的需要得到满足,还能提高足球场地的开放程度与利用率,形成教育与体育、学校与社会、学区与社区共建共享场地设施的良性机制[①]。

完成校园足球基础设施建设工作后,要加强对基础设施的管理,安排专门人员做好清洁、维修与保养工作,增加使用年限,提高利用率,避免造成不必要的损失与浪费。

七、注重教师队伍的建设

教学活动的直接组织者是教师,教师是教学活动的主体之一,对教学效果有重要的影响。学校足球教学和足球训练是校园足球的典型活动形式,足球教师和教练员的综合素质对校园足球教学及训练活动的开展效率和质量起着重要的决定性影响。因此,提高足球师资队伍的专业素质及综合素质具有重要意义。

第一,国家和各地政府出台了一系列支持校园足球发展的政策,学校应充分利用这些政策,并立足学校客观实际,着手对校园足球教师和教练员培训基地的建设,组建足球优秀师资培训班,培训活动的开展要有

---

① 郝纲.我国校园足球活动开展的现状问题及对策研究[J].当代体育科技,2018, 8(26): 161+163.

目的、有计划,要及时引进国外的先进培训技术与成功培训经验,在科学先进的理念下运用丰富有效的方式与手段来培养一批优秀的足球师资队伍。学校还要定期开展足球教师教学竞赛、经验交流和教研等活动,促进足球教师综合职业素养的提升和教学实践能力的增强。总之,通过培训,要使足球教师与教练员树立科学的足球教学理念与训练理念,掌握先进的教学与训练方法,全面做好校园足球教学与训练工作,发挥自己的作用与价值。

第二,学校可以和地方足球俱乐部合作,定期安排学校的足球教师和教练员进入俱乐部学习,从而使校园足球师资的视野更加开阔、知识更加丰富、技能更加完善。

第三,学校还要定期开展讲座,聘请足球专家授课,进一步促进本校足球师资力量的增强。

第四,有条件的学校可以为优秀的足球教师或教练员提供出国进修的机会,使他们走出国门,开阔视野,将先进的足球理念和教学训练方法引进来,结合学校实际适当运用新方法,以提高足球教学与训练效果。

第五,足球教师和教练员不能完全依赖学校或教育部门提供的培训机会来提升自己,而要自己利用业余时间来自觉学习或参加实践活动,不断增加自己的足球知识储备量,提高自己的足球技能水平,自觉借鉴国外的先进教学或训练经验,引进科学的教学或训练方法,全面提升自己的业务能力和足球素养。另外,足球教师除了要学习足球专业知识外,还要学习教育学知识、心理学知识及其他相关文化知识,以提升自己的文化知识素养,正确把握教学规律,对学生的心理特点有一定的了解,进而根据学生的身心发展特征科学组织教学,激发学生的学习兴趣,提高教学效果。

八、建立健全校园足球竞赛体系

开展丰富多彩的校园足球竞赛能够促进校园足球持续稳定发展,还能更好地推广校园足球,所以改革与完善校园足球竞赛体制、建立健全校园足球竞赛体系具有非常重要的意义,具体应从以下几方面来努力。

首先,增加校园足球比赛的数量,提升校园足球赛事的举办质量,鼓励与引导更多的青少年学生参与比赛,以培养他们的足球兴趣与实践能力。

其次,加强校际足球比赛交流,为青少年足球爱好者提供更多的参赛机会,满足他们的参赛需求,学生参加校际足球比赛,还可以与其他学校的足球爱好者相互交流与切磋,学习其他学生的技巧,发现自己的不足,逐渐提高自己的足球运动水平。

最后,开展形式丰富的校园足球比赛活动,如"五人制"比赛、半场比赛、足球基本功比赛(运球、颠球、射门比赛)等,从而吸引更多的学生参与其中,提高学生的足球技能和参赛水平。

总之,建立健全校园足球竞赛体系,不但可以增加学生的参赛机会,从而促进学生体质增强和足球技能水平的提高,还能挖掘天赋好的足球苗子,培养优秀的青少年足球人才,为我国足球事业的发展提供人力资源保障。所以,我国要加快建立融"校内竞赛、校际联赛、选拔性竞赛、出国交流比赛"于一体的校园足球竞赛体系,并不断完善该体系,发挥竞赛的重要作用。

九、建立协调配合的管理机制

整合教育部门与体育部门的优势资源,充分发挥这两个部门的作用,有助于推动校园足球的进一步发展。体育部门的资源优势主要表现为资金优势、技术优势、赛事组织管理优势等,正因为有这些丰富的优势资源,体育部门才能在校园足球工作中担任主导者。教育部门主要负责管理学生的学习和生活,同时也要在宣传、动员等方面发挥作用,以调动学生参与足球活动的积极性。体育部门应与教育部门协同开展校园足球工作,如体育部门负责对校园足球活动的策划和管理,教育部门动员与组织广大青少年学生参与丰富多彩的校园足球活动。在建立体育部门与教育部门协同配合的校园足球管理机制的过程中,还应争取家长的支持和社会舆论的参与,在这些基础上构建完善的多元参与的组织平台,将体育部门与教育部门;学校、家庭与社会的关系协调好,从而更好地保证校园足球活动的顺利开展。

十、加强合作,交流创新

选拔校园足球教练员赴海外开展专业学习培训工作,选派优秀的校园足球苗子到国外参加高水平比赛,开阔眼界。组织举办国际性、高水平的校园足球赛事,实施校园足球师资海外引智计划,聘请高水平外籍足球教师到国内中小学校任教。

开展具有地区特色的校园足球活动,符合各年龄段青少年身心发展的特点,贴近现实,注重实效。加强与体育部门的合作,处理好校园足球与青训体系的关系,校园足球四级联赛和 U 系列竞赛及选拔机制要接洽好。双方联合培养足球苗子,鼓励足球尖子课余参加俱乐部青训,注册为学生运动员,同时足球俱乐部支援学校足球教学指导。

　　制定青少年校园足球行业标准,建立注册共享机制,构建衔接校园足球与职业足球的体系,学生参加校园足球活动,可以锻炼身心素质,吸引更多的学生热爱足球,参与足球。借鉴国外足球经验,实行校园足球青训补偿制度,保护学校在人才培养方面的合法利益。

第五章　校园足球科学发展之学练探索

教学与训练是校园足球发展的重要方面,这两个方面得到科学发展,才能促进校园足球的科学发展。本章对校园足球教学与训练的科学发展进行探索,主要涉及校园足球教学与训练的基本理论、校园足球教学组织与发展策略以及校园足球训练的设计与科学发展。

第一节　校园足球教学与训练的基本理论

一、校园足球教学的基本理论

(一)校园足球教学的任务

1.增强学生的身体素质

促进校园足球运动开展的根本目的和任务是促进青少年学生的身心健康发展,不断提高青少年学生的体质水平,良好的身体素质是个体从事体育运动必要的基础。要想很好地学习和掌握足球技术和战术,增强学生的运动能力,就必须打好身体素质这一基础。

具体来说,在校园足球运动教学中,教师应使学生通过参与足球运动,掌握基本的足球运动技能,并在学习足球运动技能的过程中提高自身的一般身体素质和足球运动专项身体素质,提高机体各系统和各器官的工作能力和工作效率,奠定一个良好的足球运动机体水平,并在参与足球运动过程中提高身体机能水平。

2.提高学生的足球技能

在校园中,生活和学习的学生已经成为足球运动最主要关注者和参与者,而随着足球运动的发展,其魅力也促使更多的年轻人被吸引成为球迷。起初人们对足球的欣赏几乎都处在肤浅和表面化状态,俗语为"看热闹"。而通过校园足球教学,则可以有效培养学生对足球运动的兴趣,使学生掌握足球运动的基本知识、提高学生足球运动能力、提高学生欣赏足球赛事的能力、增强学生的足球素养和意识,慢慢将"看热闹"变成"看门道",将关注进球的精彩程度变成了注意双方的技战术打法。同时,有效地发挥学生的智力和知识结构的优势,使其开阔眼界,拓宽思路。

首先,现代足球运动无论从技术还是战术方面都朝着"全面、快速、娴熟、简练、强对抗"的方向发展,这就需要体育教师在进行足球技战术教学中,要随时将学生生理、心理和智力特点与足球技战术教学结合起来,力争保存教学的趣味性和目的性。切记不要急于教授高深的足球理论或战术打法,应使学生由浅入深、由易到难地逐渐掌握足球技术和练习方法,从而获得参与足球运动的基本能力。

其次,在校园足球战术的教学中,体育教师除应详细讲授足球技战术知识外,还应注重培养学生对足球运动的兴趣与爱好,适当安排足球欣赏课以提高其欣赏能力,并把足球运动的理念和终身踢球的习惯灌输到学生的主观意识中去,使其受益终生。

3. 培养学生的良好精神品质

在学校体育教学中,之所以能够将足球运动纳入学校体育教学内容中,主要原因在于足球运动本身具有极强的教育性,这种教育性在对学生思想品德方面的教育表现得极为突出。足球运动具有"立德树人"价值,足球运动教学是实现学校体育增强体能、掌握技能和健全人格三位一体功能的有效途径。首先,参与足球运动有助于培养学生良好的意志品质,使学生积极拼搏、不畏艰辛、坚持到底。其次,足球运动教学应充分发挥足球的多元教育功能,促进学生的德智体美等多方面的发展,培养现代社会所需的体能、智能,具有良好精神面貌、具有良好适应能力的全方面发展的优秀人才。足球运动教学对于促进青少年成为合格公民,顺利融入社会,对于培养青少年爱国、敬业、诚信、友善等社会主义核心价值观具有重要意义。因此,在足球教学过程中,要重视对学生的社会文明精神和良好的意志品质的培养。

通过开展校园足球运动,使广大学生喜欢足球、热爱足球,全身心的投入足球运动中去,使学生在足球运动学练中磨练意志、学会竞争与合作、学会遵守规则,服从裁判;增进人际交往与沟通能力,从而更好地融入社会。充分发挥足球运动的育人功能。

4. 发展学生的智力

智力包含的方面有很多,其具体表现为人的注意力、观察力、记忆力、想象力、思维力以及分析判断能力等。在校园中通过对学生进行足球教学活动,可以使学生智力水平获得增长。学生学习足球运动的基本知识,发展运动记忆,在培养技术、战术的过程中分析和评价自己的行为,全面地促进学生智力的提高。这既是智育所要完成的任务又是足球教学的目标。

(1)培养学生的观察力。足球运动要求参与者瞬间反应、判断并完成动作,因此经常参加足球运动能提高学生视觉、听觉等感觉器官的敏感度。在校园足球教学中,学生学习各种足球动作,不仅要从观察教师的示范动作来建立动觉表象,然后做出符合要求的动作;还要在技术动作的多样性和复杂性以及场上多变的环境中控制自己注意力的稳定性,同时观察同伴和对手的变化,并在瞬间迅速决策。因此,校园足球可以培养学生在观察范围上的敏锐度和选择对象上的精细度。

(2)训练学生的记忆力。以足球教学对培养学生记忆的敏捷性和正确性为例分析如下。首先,足球教学的实践性决定了大部分上课时间都在户外,这就要求学生在上课期间迅速识记教师的理论讲述、动作讲解、动作示范等学习内容,并且能在实际练习中记忆动作之间的联系,完整技术动作的先后次序和外在形象,以联想和再生的方式在头脑中形成正确的技术动作的运动表象,在完成动作的过程中训练记忆的敏捷性。其次,足球技战术是连续性活动,由若干技术和战术环节组成。足球练习和比赛的成功与否都建立在正确的技战术环节组成上,任何失误都有可能导致被动和失败,这样足球技战术的训练就对学生的记忆的正确性提出了高标准和高要求。因此,校园足球教学与训练能培养学生记忆的正确性。

(3)提高学生的思维力。人的左脑主要负责合理的伦理、分析的思维,右脑主要负责情感和意志。校园足球能很好地提高学生的创造性思维能力。首先,在校园足球教学中,学生通常是在快速激烈的情况下思考问题,因此学生必须迅速地估计情况并果断地放弃错误的想法,同时做出正确决定,由此可以使思维的速度得到训练;其次,足球比赛往往情况多变,参赛双方都想控制对方和摆脱对方的制约,这就需要学生根据实际情况机动灵活地调整战略战术,及时应对场上的变化,从而使思维的灵活性得到锻炼;再次,足球技战术多样、球场赛势多变,能促使积极地进行思维活动,因此,校园足球教学与训练可以使学生思维的高速度、灵活性、独立性得到显著提高;最后,学生在参与足球运动时,对于场上各种情况的分析和判断都是独立的,有助于学生思维独立性的提高。

(4)开发学生的想象力。想象是在人们头脑中对过去感知的形象进行再加工产生新形象的过程。在校园足球教学中,学生通过想象、模仿、表现不断地体验技术动作和战术活动。尤其是在足球比赛中,场上的情况瞬息万变,参与比赛的学生随时要通过不断变化的情况做出应变反应。例如,为了进攻得分就需要在进攻时不断发挥想象力和创造力,攻其不备、攻其弱点。如果学生在踢球时没有通过思考和想象,那么比赛将会显得死气沉沉,毫无欣赏价值。由此可见,足球教学有助于发展学生的想象力。

5.提高学生的创新能力

培养学生的创新意识、提高学生的创造能力是校园足球的教学过程中非常重要的教学任务之一。

足球运动是一项充满创造性的体育运动,这正是人们喜欢足球运动的重要原因之一。足球运动训练和比赛中,学生运用足球的技战术时,会具有明显的复杂性、多变性及灵活性。这一运动过程充满了各种不确定因素,对于足球运动参与者的创造性的发挥具有重要意义,因此足球运动教学被列为校园体育运动重点项目。校园足球教学必须应重视学生创新能力的提高。

6.培养健康审美,提高审美能力

美是每一个人都非常欣赏和喜爱的一种情感,没有人会拒绝美的事物。体育,也是美的一种表达方式,它体现了一种健康美和运动美(包含技术美和战术美)和意志品质的美。足球运动中包含着丰富的美的文化内涵,具体表现在以下几个方面:健康美,健康的身体形态、身体素质是人体美的重要基础;技术美,足球运动技术是一种程序化的动作组合,符合足球运动规律和人体运动特点,是足球运动与人体运动的完美结合;意志品质美,足球运动是最能培养个体良好意志品质的球类运动项目,足球精神就是拼搏和坚持精神。此外,足球运动中的美还有建筑美和服饰美等。这些美都能培养和提高足球运动参与者和足球运动观众的审美,通过足球运动的美育教育,能有效提高学生对健康美的认知、提高对美的创造能力。

(1)培养学生美的感受能力。美具有形象感染性,离开了感性认识就谈不上审美感知。因此,教师在校园足球教学中要正确引导学生的意识倾向,鼓励学生在运动中尝试美的内在体验和自觉的审美意识。并从体育和卫生的角度来训练和保护学生的感觉器官,以利于学生日后健康地参加审美活动。

(2)培养学生美的欣赏能力。体育教师在校园足球教学中应注意把竞技常识与美学原理结合起来,系统地传授足球知识,以培养学生在视觉上的运动美感,使学生通过亲身参与足球运动来培养自身神经与肌肉上的美感。

（3）培养学生美的评判能力。体育教师在足球理论方面的教学中,要注重对技战术原理的教学,让学生明白每种技战术的使用目的和使用时机,使学生能够"会看球"和"看懂球",力争能够使他们对足球比赛拥有深刻的理解,如在何种情况下使用防守反击战术,在何种情况下使用长传冲吊战术等等。

（4）培养学生美的表现能力。一般人只能将审美意识反作用于生活,而具有艺术创作才能的人可以根据运动的各种艺术形式,创造出比体育现实更集中、更强烈的艺术美。因此,在足球教学中实施美育的特殊性就表现在如何培养学生健美的身体,以及与之相应的美的思想好美的行为。一方面,在校园足球教学实施美育,应通过对健美的身体的塑造,使学生形成健康的审美观;另一方面,在校园足球教学实施美育的过程中,不仅要培养学生对足球运动的兴趣和爱好,使之形成良好的体育作风和文明行为,还要培养学生热爱美、鉴赏美、表现美的情感,培养学生的自信心、独立性和创造力。

7. 成就中国足球梦想, 提高国家软实力

体育是综合国力和民族精神的重要标志,我国足球运动基础薄弱,与世界足球强国的差距非常大。而足球运动人才的培养是一个长期的过程,需要长时间的训练、需要在整个社会形成一个良好的足球学练氛围。

发展校园足球、促进校园足球教学的科学发展,就在于从青少年抓起,大力普及和发展校园足球,推动足球运动蓬勃广泛开展,为我国足球运动的未来发展提供雄厚的人才支撑,夯实未来发展的坚实基础。

加强青少年体育,增强青少年体质是强国强教、利国利民的大事。大力开展校园足球,可以对学校体育的发展产生强有力的辐射带动作用,有利于活跃校园文化生活,并为促进全民健身、建设"健康中国"、实现"中国足球强国梦"奠定基础。

(二)校园足球教学的内容

在进行校园足球教学时,一般来说应包括以下几方面的内容。

1. 足球理论知识

校园足球教学要想得以科学开展,必须要以一定的理论知识为指导。因此,足球理论知识是进行校园足球教学时不可或缺的一项重要内容。

一般而言,足球理论知识需包括:一是足球运动的起源和发展状况;二是足球运动的规则;三是对足球运动各种技战术的分析;四是足球运动的裁判法等。

在对学生进行足球理论知识的教学时,要注意通过介绍世界级的足球明星、欣赏精彩的足球视频等方式来提高学生的学习兴趣,进而达到教学的目的。

2. 足球技战术

现代足球运动无论从技术还是战术方面,都随着社会的发展获得了进一步完善。而且,学生只有较好地掌握了足球技战术,才能更好地参与到足球运动之中。因此,在进行校园足球教学时,不可忽略足球技战术这一重要的内容。

在对学生进行足球技战术的教学时,要注意由浅入深、由易到难,以便学生能够牢固掌握所学知识。

(三)校园足球教学的原则

1. 直观性原则

直观性原则具体是指在校园足球运动教学过程中,教师应合理安排教学内容,通过直观、生动、形象化的教学塑造良好的足球运动教学环境、建立轻松的足球运动教学氛围,提高足球运动教学效率和教学效果。

(1)明确教学目的和要求。教师要根据教学任务、教材特点、学生情况等,有目的地使用直观教学方法。如对水平较低的学生,宜多使用动作示范、技术图片等,也可以把学生的动作录像重放,与正确的技术动作进行比较,纠正学生的错误动作。

(2)在教学中充分利用学生的视觉、听觉以及肌肉本体感觉,使学生明晰足球技战术表象,激发学生的学习积极性。

(3)要善于启发学生思维。学生正确表象的形成离不开积极的思维活动,因此,在教学实践中要不断启发学生的思维,并与技战术练习活动紧密结合起来,以提高教学质量和教学效果。

2. 主体性原则

校园足球教学的主体性原则,是指在体育教学中,教师选择的教学方法、教学内容等一系列与教学活动相关的事宜都不应与学生的需要和特点相脱离。学生同时也要在教师的指导下积极配合教师的教学工作,并在充分发挥学生主体性、自主性和创造性的基础上更多地掌握足球运动理论和技战术知识。校园足球教学中遵循主体性原则应注意以下几点。

（1）尊重学生的主体地位。教师必须要树立以学生为主体的足球运动教学观念,并在校园足球教学实践中科学贯彻,要充分调动学生足球学习的积极性与主动性,使学生能主动参与到足球学习中来,积极培养老师完成各种学习任务。

（2）发挥教师的主导作用。足球运动对动作操作思维、战术思维和快速反应能力的要求都很高,因此,在校园足球教学中,教师要以提高学生的运动能力和思维能力为核心,运用设疑、联想、比较、形象等教学方法,充分启发学生积极思维,从而最大限度地挖掘学生的运动潜力。

（3）明确学习目的。在足球运动教学中,教师必须要让学生明确学习目的,并能朝着学习目的积极努力、刻苦训练、扎实学习,切实丰富足球知识、提高足球技能。

（4）培养学生学习足球的兴趣。兴趣是形成学习动机的重要因素,它可能是暂时的,也可能转化为长期的主动学习动机。足球运动的趣味性较高,在教学中,教师应采取丰富多样的教学方法,使学生对足球运动的兴趣转化为执着的热爱,使其学习的积极性更高更持久。

（5）建立和谐师生关系。和谐的师生关系有助于促进校园足球教学活动的顺利开展。在教学实践中,学生存在着个体差异,就要求教师必须采用科学方法发展学生个性。建立平等的师生关系,维持良好的足球运动学、训环境。

3. 因材施教原则

在校园足球教学过程中,体育教师"教"的对象是全体学生,教师对全体学生提出统一的教学要求。但是教师也要注意每个学生的身体素质与能力水平是有差异的,因此要重视针对个别学生的"教",也就是要贯彻因材施教,具体要从以下几方面加以注意。

（1）坚持从客观实际出发。教师因材施教的前提条件是对学生的身体素质与个体差异进行全面了解。教师全面了解学生的主要途径是调查研究,调查的主要内容是学生对足球的兴趣与爱好、身体素质等基本情况。只有了解学生的这些情况,认识到学生之间的差异,才能更好地贯彻因材施教。学校的客观条件是校园足球教学中贯彻因材施教原则需要考虑的因素。其中,对足球教学产生影响的因素有季节、地区、场地器材设备条件等。在制定足球教学目标时,教师需要综合考虑教材、学生特点、组织教法以及上述各方面的客观条件,从而更好地贯彻因材施教原则。

（2）从整体上把握。在足球教学中,教师努力的目标是全体学生足球运动技能的提高与发展。制定足球教学计划、教学目标和要求,应是符合大多数学生的实际能力。同时,还要兼顾身体素质较好、足球技能较高和素质较差的两类学生。努力为第一类学生创造更好的条件,鼓励他们积极参加课余足球训练,努力提高专项成绩。与此同时,要热情、耐心地帮助素质差的学生,使他们在原有的基础上逐步提高足球技战术水平,完成足球教学的要求。

4. 循序渐进原则

校园足球教学的循序渐进原则,是指教学要按照学科的逻辑系统和学生的认知规律,由简单到复杂、由低级到高级、由单一到组合,循序渐进地组织教学,使学生逐步掌握知识、技术、战术和技能。校园足球教学中遵循循序渐进的原则应注意以下几点。

(1)合理选用教学内容。足球运动教学过程应符合足球运动发展规律,教学内容的安排应由易到难、由简到繁;训练的时间和量应逐步提高。

(2)科学安排教学阶段。在足球运动实践课的教学中,要根据足球技战术规律和特点,从单一到组合、从泛化到分化再到自动化,科学安排各阶段教学。

(3)合理安排运动负荷。运动负荷是足球教学课计划的重要组成部分。在校园足球教学中,要合理安排恰当的生理和心理负荷。在校园中,大多数学生没有过参加系统足球训练的经验,他们的身体素质也不尽相同,因此,为学生安排符合他们身心特点的运动负荷就显得很有必要。负荷太弱,不能引起机能和心理状态的变化,也不能发展体能,更无法满足学生对足球学习的需求,然而负荷太强,又会过度透支学生的体能,且运动中还极易造成运动创伤。

5. 巩固提高原则

根据学习规律、技能形成规律、遗忘规律、"用进废退"原理等,足球运动教学过程中,要重视学生对已学习过的知识与技能的巩固与提高。使学生体能获得不断发展,体质不断增强、足球运动技能不断提高。校园足球教学中,遵循巩固提高原则应注意以下几方面内容。

(1)利用讲解、示范、练习、提问、评价等方式,保证师生间及时传递信息。根据信息有效性的原则,信息传递得越及时,损耗越小;信息的准确度越高,所产生的教学效果越好。也可以通过提问、考查、竞赛等方式,巩固提高体育知识、技术和技能。

(2)逐步推进教学。校园足球运动教学过程中,要层层深入地推进教学过程,不要盲目追求进度,要在每一个阶段的足球教学中,都使学生奠定良好的知识、体能、技能基础。

（3）课内与课外相结合，反复进行练习。足球运动教学良好教学效果的获得离不开教师对学生足球运动学习积极性的调动。教师应鼓励学生在课外也积极参与足球运动，这是因为足球教学课时有限，学生不可能仅仅通过有限的课堂教学熟悉掌握和提高足球运动技术、战术，还必须在课外加强运动训练，不断巩固与提高自身的足球运动技术、战术水平。

（4）强化训练。足球运动是一项实战性较强的球类运动，因此必须增加运动密度和动作重复的次数，反复强化，不断巩固运动条件反射，提高技术水平、身体素质和体育能力。

（5）不断提出新的学习目标，培养学生进行足球运动的兴趣和进取动机。足球教学要重视通过给学生施加一定的"压力"来督促学生学习，使学生变压力为动力，不断向新的学习目标挑战，不断提高足球运动水平。

（6）教学训练具有前瞻性、发展性。可适当选择测验、提问、竞赛等多种教学方式。在运用这些手段时，要根据课的目标和要求进行。教师对学生所提出的问题要有启发性。

6. 实效性原则

实效性原则，是指一切具体的教学方式都应从实际出发，根据学生自身的具体情况，从主要矛盾和矛盾的主要方面入手，解决好教学重点和难点；教学要实事求是，结合实际教学条件开展足球运动教学活动，并促进学生发展。校园足球教学中遵循实效性原则应注意以下几点。

（1）选择合理的教学方法。教学方法是实现教学目的、完成教学任务的手段，直接影响是否完成教学任务和教学质量的高低。教师在足球的技战术教学中，要深入研究教材和教法，充分利用现代化的教学方法和手段，精讲多练。

（2）经常调查研究。这是要求体育教师在足球运动教学中不要仅仅满足于现有的足球教学理念和标准。时代在发展，学生们对于足球运动学习的需求也在随时发生着变化，因此教师就要不断发现新问题，分析问题，并找出解决问题的方法。在校园足球教学过程中，教师应重视教学的实际效果，根据学生的实际情况及时调整教学方法和练习形式。

（3）用唯物辩证法指导教学工作。校园足球教学中，教师要一切从实际出发，把握事物的本质，全面、准确地把握教材内容，深入地分析技战术内涵，抓住教学难点和教学重点。

（4）重视教学方法创新。创新是体育教学发展与改革的重点，校园足球运动作为体育教学的重要教学内容，必须重视教学方法的创新。通过教学方法的创新应用,真正激发学生的学习热情,调动学生学习和参与足球的积极性,并通过创新教学方法的运用促进学生科学训练与良好教学效果的获得。

7. 身体全面发展原则

在足球教学过程中,促进学生全面协调发展的基础是选择和安排全面多样的教材内容,指导学生进行全面的身体锻炼。只有这样,学生身体的各个部位才可以得到全方位的发展。身体全面发展原则的贯彻要做到以下几点。

(1)对足球教学大纲提出的教学目标和教学要求进行综合贯彻。在足球教学中,要是学生积极地学习国家所颁布的足球教学大纲的精神,足球教学大纲所提出的要求与目标学生要自觉遵循。为了更好地制定足球教学计划,保证学生身体素质能够得到全面发展,体育教师要注意合理搭配足球教材。

(2)在课堂教学过程中应始终贯彻身体全面发展的原则。在足球课堂教学中,应始终贯彻身体全面发展的原则。

8. 终身体育原则

通过足球运动教学长久地影响学生一生对运动健身重要性的理解,并身体力行地参与其中是足球运动教学的最终目的。这也是新《体育(与健康)课程标准》对当前足球运动教学的基本要求。因此,培养学生终身体育思想,促进学生终身体育习惯的养成是校园足球运动教学应遵循的基本原则之一。校园足球教学实践中,遵循终身体育原则应做到以下几点。

(1)培养学生的终身体育意识。教师要善于发现学生的足球爱好与特长,并正确引导,使学生能重新认识自我并乐于从事足球运动,养成终身参与足球运动的习惯。

(2)在足球运动教学中充分考虑教学的长、短期效益,体育教师不仅要重视足球运动教材或某项运动技能的教学成果,还要考虑足球运动教学的长期效益,为学生养成良好的足球运动锻炼习惯、终身从事足球运动奠定知识、体能和技能基础。

(四)校园足球教学的方法

1. 讲解法

所谓讲解法,就是教师在足球教学过程中,为了使学生通过"听"来感知教学内容,采用简练准确的语言来对相关教学内容进行分析的方法。在校园足球教学中运用讲解法,应特别注意以下几个方面。

（1）讲解要明确

教师在讲解之前要有明确的目的。在足球教学过程中,教师的讲解必须根据教学目标、教学内容、学生特点等来具体地选择讲解内容、讲解方式、讲解速度以及讲解语气等,在讲解过程中要抓住重点与难点,做到有目的性、有针对性。

（2）讲解要正确

所谓的"正确"包括两方面含义：一是教师的讲解不能脱离学生的知识范围和结构,应在学生的接受能力范围之内,即教师讲解的广度和方式要符合学生的体育基础和已有的知识经验,利于学生接受；二是教师的讲解内容要符合科学技术原理,而不能是不规范的内容。

（3）讲解要生动

生动的讲解有助于帮助学生在头脑中建立正确的动作定型。试想一下,如果教学仅仅是通过语言讲解那么将显得多么单调。肢体语言的加入是对语言讲解的一个非常好的补充,简单的语言并不能让学生深刻地认识技术动作。因此,教师必须善于借助于学生已经接触过的事物或已经学过的运动技术与教学内容产生联系,以便于学生更好地理解动作。

（4）讲解要有启发性

运用对比、类比、提问等方式进行的启发性教学手段有利于学生积极思维,使学生举一反三,触类旁通,让学生将看、听、想、练各种感官动员起来。

（5）讲解注意时机与效果

在体育教学过程中具体表现为,在学生面对教师、注意教师时进行讲解；在学生练习过程中或背对教师时尽量少讲解或不讲解。

2. 示范法

在校园足球教学中,示范法也是一种经常会用到且行之有效的教学方法。所谓示范法,就是教师在足球教学中运用自身的动作以及投影、挂图、录像等多种手段作为足球技术动作教学的范例,来对学生的训练进行指导的方法。在校园足球教学中运用示范法,应特别注意以下几个方面。

（1）要有重点地进行示范

校园足球教学中的动作示范,应突出足球教学的重点和难点,同时对于足球技术基础差和年龄较小的学生应注意适度,因为对他们进行过多的示范往往会对他们识记、辨别、记忆动作产生影响,导致他们提取信息失败。因此,教师在足球教学过程中必须要抓住关键动作进行有重点的示范。

（2）要正确地进行示范

教师在足球教学中运用示范法时,要注意严格按照规格要求来完成动作技术,准确无误地把握好动作的开始、行进方向和结束的时间。只有这样,学生才可能正确地掌握动作,并正确地进行运用。

（3）要选择合适的示范面

教师在足球教学中运用示范法时,能否选择合适的示范面将会对教学效果产生重要影响。而在选择示范面时,应根据需要来进行,即不同的需要采用的示范面有所不同。通常采用的示范面有正面、侧面、背面和镜面四种。

（4）要把握好示范的速度

教师在足球教学中运用示范法时,开始进行示范时应以完成动作的正常速度进行示范,以使学生建立起完整、正确的动作表象。之后,为了将动作的某些环节结构更好地突出出来,就要以较慢的速度进行示范。

（5）要把示范与讲解相结合

在校园足球技术动作的教学过程中,要想获得良好的教学效果,必须要使学生的听觉和视觉器官同时利用起来。而示范注重的是视觉器官,讲解注重的是听觉器官,因而通过示范与讲解相结合可以增强技术动作的内在联系,从而使学生更好地掌握所学动作。

3. 指导发现教学法

所谓指导发现教学法,就是让学生在经历了通过教师有意识设计、指导的实验、观察、分析、假设和论证后发现规律和建立概念的一种教学方法。在校园足球教学中运用指导发现教学法,应特别注意以下几个方面。

（1）学生通过在课前预习教师所要教授的教学内容时,发现一些解决不了的问题,并且将其带到课堂中去。

（2）教师以指导语的方式改造所授足球教材内容,从而达到使学生自行解决学习中遇到的困难和问题,并且将一些相关的观察结果和分析的直观感知材料提供给学生,帮助学生进行学习。

（3）学生通过教师的教学指导来寻找课前所发现的问题的具体解答方案,并采用分析和归纳的方法解决问题。

4. 游戏教学法

游戏教学法,是指在教学中,教师利用组织游戏的方法使学生通过这种方式充分发挥主动性和创造性来完成预定教学任务的教学方法。这种教学法的应用比较广泛,下到初学足球的学生,上到职业运动队的专业选手。在校园足球教学中,教师运用游戏教学法应注意以下几点。

（1）要恰当地选择游戏项目

在足球教学中,教师选择恰当地选择游戏项目,保证所选择的游戏项目不脱离校园足球教学的本质。

（2）要制定相应的游戏规则

教师在运用游戏教学法进行教学时,很重要的一个步骤就是制定相应的规则。而规则一旦制定,教师就要引导学生严格遵守。

（3）要做好游戏的评判工作

教师在运用游戏教学法进行教学时,要注意认真做好游戏的评判工作,公开、公平、公正地评价游戏的结果,客观地评价每个学生在游戏中的表现。

5.合作学习教学法

校园足球教学是师生共同参与的双边教学过程,只有师生之间进行有效的配合,才能取得较为理想的教学效果。合作学习教学法就是注重在教学中充分调动教、学双方积极性和主动性的教学方法。在校园足球教学中运用合作学习教学法,应特别注意以下几个方面。

（1）教师在足球教学开始阶段,应在尊重学生自主选择的基础上,使学生形成人数不等的若干个学习小组。

（2）教师在足球教学过程中,应以小组为单位进行教学,通过充分发挥小组内的技术骨干的带头作用,指导小组成员互帮互助,促进各小组的学生共同完成学习任务。

6.程序教学法

所谓程序教学法,就是教师在教学过程中依据认知和技能形成的基本规律,将足球技术、战术教学内容分解成为若干个相互联系、便于学习的"小步子",并建立起相应的评价信息反馈系统的教学方法。而学生在这一教学方法之下,可以循序渐进地有效掌握所学内容。

在校园足球教学实践中,学生首先依据小步子进行学习,然后评价学习情况,最后依据评价的结果反馈学习效果,教师针对反馈信息有的放矢地组织教学。

7.案例教学法

案例教学法,是指教师在教学中通过列举具体的案例帮助学生更清晰、更深刻地认识教学内容的教学方法。这种教学法在足球战术配合教学、足球竞赛组织编排、足球规则与裁判方法的教学过程中应用最广。它的最大优势就是直观,用符合教学要求的案例来说明问题,针对性极强。

在校园足球教学中,运用案例教学法应遵循以下步骤来组织教学。

(1)教师在备课阶段,应按照教学内容的不同选择有针对性的典型有关足球教学内容的案例作为教学核心。案例的选择不仅要能充分反映教学内容,还要具有典型意义,同时要符合学生的学习基础和学习能力。

(2)教师在教学过程中对已经选择好的足球教学案例进行深入的分析,使学生尽快地建立起相关概念。

(3)在组织足球教学时,教师应注重调动学生的积极性,活跃课堂气氛,组织集体练习,促进学生结合案例进行思考并主动完成学习任务。

二、校园足球训练的基本理论

(一)校园足球训练的任务

1. 小学阶段足球训练任务

(1)掌握一定的理论知识

在这一阶段,学生要学习和掌握一定的足球知识与规则,如角球、任意球、罚球点球和球门球等这些内容,学生要慢慢掌握和理解。除此之外,教师还要指导学生掌握一些足球基本常识,了解足球明星的成长经历等,逐渐培养学生的足球兴趣。

(2)提高技术能力

这一时期主要是培养学生的球感,提高其基本的足球技术能力。如熟悉球性,初步掌握控制球的能力,学习和掌握基本的运球、传球、射门等技术。

(3)具备一定的战术能力

通过多种接近比赛场景的训练和小型足球比赛的形式,学习足球基础战术。不仅要对"进球和阻止进球"的比赛基本思想有所了解,对足球个人战术准则和要点有所体会,还要学习射门和阻止对方射门得分技巧和方法,对比赛进攻的方向有所掌握。除此之外,还要对比赛中的个人攻防战术以及比赛过程中需要做的事情有所了解。

(4)有效增强身体素质

要指导学生掌握基本的跑跳技术,掌握跑跳、急停、起动、转身等动作,并保证其正确性;使灵敏、柔韧、协调和速度素质等得到发展和提升。

（5）有效提高心理素质

教师可以根据学生的具体情况组织各种教学活动,让学生感受到足球运动的魅力,激发其学习足球的兴趣。可以通过多种训练手段帮助学生提高技术动作水平的自信心,促进学生足球水平的初步提升。

（6）通过各种方式提高比赛能力

在具体的足球实践中,教师可以采取各种小型足球比赛的形式进行进攻与防守训练,这是运动员逐步走向真正比赛的最好训练手段和方法。对于学生足球运动水平的提高也具有重要的意义。

2. 中学阶段足球训练任务

（1）理论知识方面

①理解足球竞赛规则和裁判法,服从裁判员管理,树立良好的比赛习惯。

②了解与掌握足球攻防与基本战术知识,逐步提高整体战术意识。

③了解与掌握心理学、生理学基础知识。

④在平时的学习和生活中养成良好的生活习惯。

（2）技术能力方面

逐步提高控球能力,重视足球技术的细节问题,纠正技术动作的弱点。除此之外,还要学习位置技术,培养和发展学生独具个性的技术特点和位置技术特点,提高学生应用技术的准确性和合理性。

（3）战术能力方面

在不断的学习和比赛中,促进小组进攻和防守战术得到进一步的完善。学习与完善定位球攻防战术。学习7人制和11人制正式比赛战术和比赛阵型,使比赛中学生运动员观察和交流能力得到有效的提高。同时,也要进一步学习和掌握小组进攻和防守的基本方法和原则,以及全队整体攻防战术方法和战术原则。另外,还要通过各种方式促进学生战术意识的提升。

（4）身体素质方面

学生的身体素质非常重要,在平时的训练中要把速度、力量、柔韧、协调、灵敏性等与有球活动结合起来。在比赛和接近比赛场景的对抗性训练中使有氧耐力素质、速度素质和力量素质得到有效的发展和提升。然后在此基础上,将爆发力和比赛中结合球的速度能力的提高作为重点。另外,也可以适当安排一些专门的力量练习,这对于学生的发展非常重要。

（5）心理素质方面

在心理素质方面，要培养和发展学生的足球认知水平，不断提高学生的思维能力。同时，要教会学生自我调节和克服焦虑的方法，有针对性地培养学生的创意性、自信心、责任感和自我管理意识。除此之外，还要进一步加强学生的心理稳定性训练，促进学生心理素质的稳步提升。

3. 高中阶段足球运动训练任务

（1）理论知识方面

使学生进一步提高对足球竞赛规则的掌握和运用能力，对整体攻守战术知识有所掌握，同时，还要对比赛战例进行分析学习。除此之外，还要对运动医学和训练学有关知识有所了解，并且进行职业球员行为规范教育。

（2）技术能力方面

对学生在比赛和训练中暴露的技术问题和弱点进行纠正和改进。对技术细节较为重视，同时，也强调位置技术，将个人技术特点突出出来，使个人技能更加完善。使学生提高在高速度、强对抗比赛中运用技术的稳定性、准确性和合理性。

（3）战术能力方面

通过小型足球比赛和 11 对 11 人制的正式比赛，来使学生在比赛中暴露的问题和弱点得到改进。要求学生对全队整体战术和专门战术打法，以及进攻战术、防守战术、攻守转换战术打法进行学习。除此之外，还要使个人战术、局部战术和全队整体的战术意识，以及适应球队不同的战术组织、战术变化的能力都得到有效提高。

（4）身体素质方面

这一阶段身体素质的发展，具体来说，就是使适应高水平足球比赛需要的身体素质得到发展。在发展全面力量素质的基础上，重点进行起动速度、跳跃、射门力量相关肌肉群的爆发力训练，从而使学生的动作灵敏性和协调性都得到发展和提高。以学生个体需要为依据，组织个体化身体训练。需要强调的是，身体训练的各个方面都要与高度竞争的足球比赛联系起来。

（5）心理素质方面

通过多种手段来对学生的训练动机进行保护和培养。同时，还要进行自我控制与自我暗示训练，使学生的自信心、思维能力和比赛的心理稳定性得到发展。除此之外，还要教会学生对由竞争所引起的焦虑和精神紧张进行有效的控制，培养他们的社会责任感。

（二）校园足球训练的内容

1. 身体素质训练

在校园足球训练中,身体素质训练是一项十分重要的内容。它不仅能促进学生身体的全面发展,也能帮助学生更快地学习与掌握技战术,还是改善学生的身体机能、提高学生的运动能力、减少学生出现运动创伤概率、延长学生运动寿命、培养学生顽强意志品质的有效手段。因此,在校园足球训练中,绝不能忽略身体素质训练。而一般来说,身体素质训练应包括以下几方面的内容。

（1）力量素质训练

在学生的各项身体素质中,最为基础的是力量素质,它也是学生掌握运动技能、提高运动成绩的重要基础。在足球运动中,经常会用到以腿部力量作为保障的合理冲撞、变向、急停转身、传球、跳起、射门等技术动作。因此,在力量素质训练中,应着重进行腿部力量的训练。

（2）速度耐力素质训练

在足球运动中,需要运动员连续地进行短距离快速冲刺跑,有时也需要进行长距离冲刺跑。而且,急停起动、急停变向等动作也是在足球运动中经常会出现的。这就需要运动员必须具备一定的速度耐力素质。因此,在校园足球身体素质训练中,不能忽略速度耐力素质训练这一重要内容。

（3）有氧耐力素质训练

运动员在摄取氧气充足的情况下长时间坚持运动的能力,便是有氧耐力。一般而言,一场足球比赛的时间长达90分钟,有时会持续120分钟甚至更长时间,这就对运动员的有氧耐力素质提出了较高要求。因此,在校园足球身体素质训练中,不能忽略有氧耐力素质训练这一重要内容。

（4）速度灵敏素质训练

在足球运动中,需要运动员经常进行短距离的直线、折线与弧线的快速冲刺跑,这就对运动员的速度灵敏素质提出了较高要求。因此,在校园足球身体素质训练中,不能忽略速度灵敏素质训练这一重要内容。

（5）柔韧和协调素质训练

人体关节活动幅度的大小以及跨过关节的肌肉、肌腱、韧带、皮肤及其他组织的弹性与伸展能力,便是柔韧素质。它能够帮助运动员减少受伤的可能性。由于柔韧素质表现在足球运动中,便是身体的协调性。因此,在校园足球身体素质训练中,要注意训练学生的柔韧和协调素质。

2. 技术训练

足球运动员在长期的训练和比赛过程中所形成并逐渐发展和完善的各种合理动作的总称,便是足球技术。对于足球运动员来说,只有熟练地掌握各种技术,才能在比赛中采取有效行动,进而取得理想成绩。因此,在校园足球训练中,不能忽略技术训练这一内容。

在进行具体的校园足球技术训练时,要力求简练、快速、实用、有效,还要注意与实战相结合。

3. 战术训练

足球运动员通过预先判定或临场局面变化决定的运用自身足球知识和技能以达到最有效发挥技术潜力和团队协同取得比赛胜利目的的行为,便是足球战术。

对于足球战术来说,能否成功运用的关键在于是否具有较高的灵活性。而这里所说的灵活性,更多地表现为足球运动员具有较高的战术意识,即在复杂多变的比赛中及时准确地观察全局情况并采取随机应变的措施,迅速而又准确地判断出自己的行动方案和与同伴配合的能力。因此,在校园足球训练中,要注意对学生进行战术训练,并着重培养学生的战术意识。

4. 心理训练

在足球比赛中,通常有着十分激烈的竞争和对抗性,这就要求运动员具有良好的心理素质。因此,在校园足球训练中,不能忽视心理训练这一内容,并着重对学生进行自信心、注意力、意志三项心理品质的训练。

(三)校园足球训练的原则

在进行校园足球训练时需要遵守一定的原则,具体来说有以下几个。

1. 直观性原则

校园足球训练的直观性原则,就是在进行校园足球训练时多采用直观的方法,让学生通过视觉感官建立正确的动作表象,从而提高学生的足球技术水平。而在校园足球训练中贯彻直观性原则,要特别注意以下几个方面。

(1)要多采用示范的训练方式,正确示范与错误动作示范相结合,并且注意完整示范与分解示范相结合。

(2)要利用挂图、现代影像技术等直观方式,并让学生积极模仿,以更好地感知动作技术的完整与规范性。

2. 针对性原则

校园足球训练的针对性原则,就是在进行校园足球训练时要以学生的实际情况以及训练的任务和具体训练条件为依据,选择适宜的训练内容、训练方法、训练强度等。而在校园足球训练中贯彻针对性原则,要特别注意以下两个方面。

第一,要全面了解学生的个人特点,并根据学生身体机能和心理状态的不同特点,对训练进行合理安排。

第二,要将针对性原则始终贯穿到整个校园足球训练中,并以不妨碍集体训练为前提。

3. 趣味性原则

在校园足球训练中,面对年龄比较小的学生,要采用多样化的练习形式,尽量通过各种游戏来完成训练任务。这样可以促使他们的自觉性和兴趣得以提高,使他们能够保持注意力集中,从而提高训练的效果。

4. 系统性原则

通常而言,足球运动员只有经过多年的系统性训练,才能取得较好的成绩。这就要求在校园足球训练中贯彻系统性原则,保证训练内容前后连贯、紧密相关而不中断。而在校园足球训练中贯彻系统性原则,要特别注意以下几个方面。

(1)要根据学生的现有水平,合理计划训练,做到由简到繁、由易到难、由浅入深,以便学生在训练中不断得到提高。

(2)要注意各个训练阶段的衔接问题以保证训练的系统化和连贯性。

(3)要合理安排训练和休息的时间,保证学生能够在恢复中逐步提高训练能力,减少运动创伤的出现。

5. 周期性原则

校园足球训练总是按照一定的周期进行的,而且其下一个训练周期的要求和水平往往要在前一个周期的基础上有所提高,这就是校园足球训练的周期性原则。

6. 细节性原则

俗话说:"细节决定成败"。对于足球训练来说,也是如此。因此,就要求青少年运动员在足球运动训练中一定要时刻注意自己的训练细节,因为只有这样,才能够顺利完成运动训练任务。另外,教练员在制定足球训练计划时,首先要深入分析整个足球训练计划的内容,然后,还要进一步细化整个训练计划,使之成为具体的实施细则。除此之外,对教练员也有相应的要求,主要表现为对训练的各个细节都要有严格的规定,并在训练实践中认真贯彻,做到一丝不苟。

7. 动机激励原则

动机激励原则是指通过多种方法和途径,激发队员主动从事艰苦训练的动机和行为的训练原则。

在校园足球训练中,贯彻动机激励原则应注意以下几点。

(1)使训练的目的性教育和正确价值观教育得以加强。

(2)使队员的合理需要得到满足。

(3)在训练工作中,使队员的主体作用发挥出来。

(4)激发队员参与训练和比赛的兴趣。

(5)教练员要积极发挥榜样作用。

(6)注意正确地运用动力激励原则。

8. 一般训练与专项训练相结合原则

在校园足球训练中,一般训练与专项训练相结合原则也是一个需要切实遵守的原则,即根据项目的特点、学生的水平和训练的不同时期、不同阶段的任务,把一般训练与专项训练结合起来,以促进训练水平的提高。而在校园足球训练中贯彻一般训练与专项训练相结合原则,要特别注意以下几个方面。

第一,要根据技战术的难度科学合理地安排一般训练与专项训练的比重。一般而言,对难度大、技术复杂的动作,一般训练的比重可相对少些,专项训练的比重可大些;对技术、战术都比较复杂,对体力要求也较高的动作,则两者比重可较为接近。

第二,要根据学生的年龄特点科学合理地安排一般训练与专项训练的比重。一般而言,初次参加校园足球训练的学生,主要进行一般训练,以后随着年龄的增长,水平的提高,一般训练的比重可适当降低,专项训练的比重则不断提高。

第三,要合理安排一般训练的内容。通常来说,一般训练的内容要注重基础性和实效性,其结构应具有足球专项的运动特点,以便更容易将这些练习的效应转移到足球运动中去。

第四,要尽可能使一般训练与专项训练的形式方法符合学生身心发展的特点,并能激发学生的训练兴趣和训练积极性。

9. 合理安排负荷与恢复原则

合理安排负荷与恢复原则是指根据队员的现实可能和人体机能的训练适应规律,在训练中给予相应量度的负荷,并及时消除队员在训练和比赛过程中所产生的疲劳,并通过生物适应过程产生超量恢复,提高机体竞技能力的训练原则。

在校园足球训练中贯彻合理安排负荷与恢复原则应注意以下几点。

(1)要对负荷量与负荷强度进行正确理解。

(2)科学地安排负荷——逐步增大并探索极限。

(3)正确处理负荷与恢复的关系。

(4)针对机体快速恢复,积极采取适宜措施。

(5)建立科学的诊断系统。

(6)准确判断疲劳程度。

①自我感觉。

②外部观察。

③生理测试。

④心理测试。

(四)校园足球训练的方法

1. 重复训练法

重复训练法是指对同一练习进行多次重复,重复练习之间安排相对充分的休息时间的训练方法。

2. 间歇训练法

间歇训练法是指对多次练习时的间歇时间做出严格规定,使机体处于不完全恢复状态下,重复进行练习的训练方法。

3. 持续训练法

持续训练法是指负荷强度较低、负荷时间较长、无间断的连续进行练习的训练方法。

4. 变换训练法

变换训练法是指变换运动负荷、练习内容、练习形势以及条件,以提高队员的积极性、趣味性、适应性和应变能力的训练方法。

5. 循环训练法

循环训练法是指根据训练的具体任务,将练习手段设置为若干个练习站,队员按照既定路线,依次完成每站练习任务的训练方法。

6. 比赛训练法

比赛训练法是指在近似、模拟或真实、严格的比赛条件下,按比赛的规则和方法进行训练的方法。

第二节　校园足球教学组织与发展策略

一、校园足球教学的组织

（一）足球理论课的组织

足球理论课中安排的内容主要是与足球运动相关的理论性知识,包括足球运动的概念与内涵、起源与发展、特点与价值等。虽然足球运动是一门偏向运动实践的课程,但理论知识也是不可或缺的,掌握理论知识在很大程度上影响足球运动实践的效果和提高技战术学习的效率。如此看来,要求学生学好足球理论课是增加他们对这项运动更深刻的了解的最好方式,如此使学生得以将理论与实际相联系,指导足球运动实践。

足球理论课不同于实践课的方法,其所使用的教学方式与其他学科课程教学类似,即都是以课堂教学的形式完成的。不同点在于,足球理论课的课堂教学氛围也可以更加活跃一些,这要求教师要更善于使用灵活的教学语言,并加入启发性和诱导性语言来调动学生对足球理论问题的求知欲。

通常来说,足球理论课的课程步骤为以提问或讲述的形式引出前次足球课的教学内容,然后讲授课程内容的主体部分,对其中的重点难点问题要做细致讲解,并结合提问、作业等形式强化学生对知识掌握的牢固程度。而在结束部分中,教师要对本次课中的内容进行归纳总结,特别是要再强调一下重点难点问题,如有需要还可以布置课后作业,作业的形式可以是理论式的,也可以是实践式的。

（二）足球实践课的组织

1. 准备部分

足球实践课的准备部分是课程开始后的第一个部分,该教学部分的意义在于利用一些简单、灵活的身体活动,将学生的身体从相对静止的状态调动起来,达到适合运动的状态,如此可以为学生进入下一部分的学习做好充分的生理与心理准备。准备部分的活动组织形式一般为集体统一进行,至于该部分占课程时长的比例可根据课的任务、时间、学生身体情况和天气情况等酌情增减。

在足球实践课的准备部分中,具体的内容可以安排一些体育教学通用性的活动,如关节活动操、慢跑等,也可安排一些与足球运动专项有关的活动,如培养球感的游戏,或是与足球战术有关联的线路跑练习等。准备部分中的活动要秉承小负荷和循序渐进的原则。

2. 基本部分

足球实践课的基本部分是主要教学内容的讲授和练习部分,该部分是全面发展学生身体素质,培养学生良好的心理品质和足球意识的主体部分。

在基本部分教学中,除了要讲授主要的教学内容外,还要对其中需要突出的重点难点内容进行细致讲解,结合教案和学生的具体情况来选择相应的教学方法和手段,同时还要布置必要的作业练习。在基本部分的教学方法选择上,大多数会以讲解法与示范法为主,之后要留出足够的时间供学生练习,教师在这个过程中要观察学生的练习表现,指出学生的不足,如发现一些有普遍性的问题时,还需要暂停练习,统一对这类问题做纠错讲解,以此不断给学生建立正确的技战术动作意识。

基本部分的具体教学步骤为:先学习新教材内容,然后巩固和改进已学内容,最后进行足球教学比赛和发展身体素质的练习。基本部分在教学课程中所占的时间是最多的,为此,教师需要在这部分教学中对时间予以合理分配,为了使教学更加高效,还需要充分利用学校足球教学资源,让学生的学习和练习达到饱和状态。在制定基本部分的练习负荷量上也要根据学生的实际情况,重在提高学生的练习质量和效果,使学生能够以最佳的效率掌握足球运动技能。在此过程中,教师观察学生的学习和练习情况,将其中一些值得关注的情况记录下来,这可以成为日后的教学改进和总结的重要依据。

3.结束部分

足球实践课结束部分的主要任务是将学生的身体状态转换至相对安静的状态,使其得不影响后续的学习或工作。这一任务的完成主要是通过集体活动的形式来进行,通常为一些强度不大的整理活动或游戏。具体选择的内容则需要根据教学内容的性质、练习的强度与密度等灵活选择。

身体活动性的整理活动结束后,教师还要总结这堂课总体学习情况,以及简单评价一下这堂课的效果。另外,教师还可以点评个别学生的表现,或是找出榜样,或是找出典型的不足以供大家借鉴和注意。最后布置课后作业,预告下次课的主要教学内容。

(三)足球讨论课的组织

足球讨论课在目前大多数校园足球教学中并不经常出现,即便出现,也多是安排在足球理论内容的教学之中。足球讨论课是一种较为灵活的教学组织方式,它可以在教师中进行,也可以在场地中进行。讨论的目的在于提高学生的观察能力、分析能力和表达能力,促进学生在学习足球运动过程中的思考。为此,讨论的话题就可以非常多样化,只要与足球运动有关即可。这种讨论课最适宜用在进行足球技战术分析、规则裁判法等的教学时采用。

讨论课开始前,教师要确定本次讨论的主要内容,特别是要确定讨论是为了解决哪项问题,以及从哪个角度引导学生的思维。谈论课结束后,教师要做引导性发言,然后让学生发表对本次讨论课讨论话题的看法,此时应特别鼓励持不同意见的学生的发言,鼓励学生们的观点碰撞。最后,教师针对讨论作总结性发言,评述讨论的问题和学生的讨论情况。

(四)足球实习课的组织

足球实习课设置的最大意义在于能够提升学生对足球运动的综合实践能力。这其中不仅包括提升足球专项的技战术水平,更重要的在于提升其足球运动的教学训练、竞赛组织以及执法比赛等能力。

对于实习课的组织来说,应贯穿在足球教学之中。每堂教学课的基本部分中都有不少练习和比赛的安排,在这个环节中教师就可以指定几位学生担任教学助理或比赛裁判(边裁或主裁)等,以此锻炼学生在足球运动领域中的综合能力。

教师在组织实习课的前、中、后期都有不同的重点工作。实习课的课前,教师要确定参与这次实习的学生人数,告知其即将开始的任务;实习课的课中,教师也要对实习学生的表现做好记录;实习课的课后,教师要对学生实习的表现进行评价,同时也不能忽视其他学生对实习学生表现的评价。

二、校园足球教学的发展策略

(一)教学思想与理念创新

人的行动都是由思想指引的,若要做到创新,关键在于拥有活跃的思想以及能够创新的思维,没有创新就没有进步。由此可以看出,只有转变教学思想与教学理念,推动足球教学的改革,转变教学中不利于足球运动发展的一切困难与阻力因素,在思想理念上做出创新,才有可能使校园足球教学获得根本上的进步。

(二)教学模式与方法创新

在校园足球教学的过程中,足球教师应加强对学生足球文化知识的传授,对足球文化传播功效的发挥引起高度的重视,并且对学生掌握足球理论知识、理解足球文化内涵的理解较为注重,使学生对足球理论所传达的文化理念有根本上的理解和认识。具体来说就是以教学模式和教学方法的创新为依托,使学生在掌握足球动作技巧的同时,对足球文化有着更深刻的理解和认识。

(三)营造校园足球文化氛围

足球运动较为普及,有着广泛的参与人口。并且,在其发展过程中,逐渐形成了相应的足球文化。目前许多学校的足球教学还仅仅停留在技术教学层面上,没有对足球运动进行更深入的研究和探讨,这对于足球教学的进一步发展和提高产生了较大的阻碍作用。因此,应当加大对足球教学的改革创新力度,重视校园足球运动文化氛围的营造。这样更能够促进学生的学习兴趣,并形成良好的校园足球文化。

第三节　校园足球训练的设计与科学发展

一、校园足球训练的设计

（一）训练内容的设计

足球训练课内容设计的合理与否将直接影响着足球训练课的目标及足球训练的质量，在设计时需要注意以下几个方面的要求。

1. 体现足球比赛内容

足球课训练内容的设计应以足球比赛的内容为重要的参考依据[①]。这是安排足球训练课内容的基本要求。一般来说，足球训练课内容的安排要注意以下两个方面。

一方面，足球训练课的内容应与足球比赛内容密切联系，这样的安排与设计才能更好地促进运动员比赛能力的发展和提高。

另一方面，足球训练课内容的安排要根据比赛的重要程度合理安排，比赛内容要占据较大比例，要采取各种手段和措施加强这一方面的训练，训练时间方面要比普通训练内容所花费的时间长，以保证运动员熟练掌握这一部分内容。

2. 重视竞技能力发展

足球运动员的竞技能力包含诸多方面，任何一方面能力的缺失和不足都会削弱其整体竞技能力水平。因此，在设计与安排足球训练内容时要充分考虑这一点，使训练内容的安排符合训练与比赛的要求，使之有利于运动员竞技能力的发展和提高。

首先，要重视运动员足球竞技能力薄弱环节内容的安排，使运动员有效弥补和提高这方面的能力。例如，体能素质差的运动员要多安排一些体能训练内容，射门技术较差的运动员要多安排射门这一环节的训练内容。

其次，足球是一项团体性运动项目，整个团队的优势竞技能力是获得比赛胜利的重要保证，因此训练内容的安排还要以整体发展为依据，在进

---

① 黄竹杭，王方. 足球训练设计 [M]. 北京：高等教育出版社，2010.

行补偿训练的基础上,多安排一些"特长"或优势内容的训练。

3. 符合训练课的目标

足球训练课目标非常重要,它能为足球训练课的进行指明正确的方向。而训练课内容则是训练课目标内容的有效体现,训练课内容的设计与安排要符合训练课的基本目标,一切内容的安排都要有利于目标的实现。

例如,一堂足球训练课的目标是提高运动员的射门能力,而单纯无对抗下的射门并不能很好地提高运动员的射门能力,这时可以采取人墙或队员对抗中射门的形式来促进射门能力的提高。

4. 突出不同训练课特点

足球训练课内容的设计与安排还要突出不同训练课的特点,按照一定的要求进行训练。

(1)体能训练课内容的安排

一般来说,足球体能训练课内容的安排要注意以下几点。

①速度素质练习内容、灵敏和协调性练习内容一般应安排在训练课的主体(基本)训练部分的开始阶段。

②快速力量(爆发力)和速度耐力素质的练习要安排在基本训练部分的中段。

③有氧耐力或力量耐力素质练习内容应安排在课的基本训练部分的结束阶段。

(2)技战术训练课内容的安排

在安排足球技战术训练内容时需要注意以下几点。

①新技战术训练内容的安排要适宜,一般来说主要安排在巩固或提高的训练内容之前。

②简单技战术训练内容应安排在复杂技战术训练内容之前。

③单个技战术训练内容应安排在组合技战术训练内容之前。

(3)综合训练课内容的安排

足球综合训练课的内容非常多并且较为复杂,因此在安排时要对其进行合理搭配,以帮助运动员提高其运动水平。

①在进行技术与战术结合训练时,要将技术训练安排在前,战术训练安排在后。

②在进行技术和体能结合训练时。要将速度素质、灵敏素质和柔韧素质的训练安排在技术训练之前,力量素质、耐力素质训练内容安排在技术训练之后。

③在进行战术和体能结合训练时,其训练内容安排可以参考技术和体能训练综合课的安排。

④进行技术、战术、体能结合训练时,技术训练应安排在战术训练之前;速度、灵敏、柔韧等训练内容放在技术训练之前;力量、耐力等训练内容放在战术训练之后。

（4）比赛课内容的安排

①一般情况下,足球比赛课内容的安排应以训练课目标为重要依据,安排的训练内容要有利于训练目标的实现。

②设计一些与正式比赛场景相符的训练内容,使运动员真正进入到比赛情境之中,从而获得比赛能力的提高。

（二）训练方法的设计

发展到现在,足球训练的方法越来越多,一些新式的训练方法被广泛应用于足球训练之中,由此可见在足球训练方法方面,可供教练员选择的余地越来越大,但是教练员或体育教师在设计与选择训练方法时也要遵循以下基本原则。

1.训练方法的内容针对性

随着竞技体育运动的高度发展,训练方法也越来越多,不同的训练方法对于发展足球运动员的不同素质具有不同的效果和作用,因此,在校园足球训练课中,教师所选择的训练方法要有一定的针对性,要根据每一名学生运动员的特点和运动水平而定。

2.适应认知能力与训练水平

在足球训练课中,训练方法的设计与安排应尽可能符合学生的认知特点与接受能力水平,以帮助学生更好地理解与掌握训练方法,从而更好地提高自己的运动水平。

3.足球专项发展的指向性

足球训练手段与方法具有明显的"足球倾向性",这样能够更加有效地解决"足球"问题。例如,12分钟跑的持续训练法,与运动员在实际比赛中的身体活动及供能特点不相吻合,不能很好地解决足球耐力训练的倾向性问题,因此不能将这一训练方法作为提高足球运动员有氧耐力训练的方法。

（三）训练负荷的设计

训练负荷即运动负荷,是训练中运动员肌体所承受的负载量。运动员在训练的过程中,训练负荷安排得是否合理,是否符合运动员的身心特点与运动水平将直接影响着训练水平和质量,因此科学设计足球训练负荷将显得尤为重要。

1.训练负荷的影响因素

一般来说,训练负荷主要包括负荷量与负荷强度两个方面,二者相互影响、相互促进,是影响足球运动员训练水平提高的重要因素。另外,运动负荷也受多方面因素的影响(表5-1),在设计与安排足球训练课时,教练员或体育教师要予以重视。

表5-1　影响足球训练课负荷大小的主要因素

影响训练课负荷量的主要因素	影响训练课负荷强度的主要因素
训练课时间	练习人数与练习组数
重复练习的次/组数	练习用球
练习距离	练习负荷的持续时间
练习场地	练习间隔
练习人数	练习难度
负荷重量	练习速度
训练器材与设施的数量	练习用力程度
	练习对抗程度
	训练课运动密度

2.训练负荷设计原则

足球运动训练课负荷的科学设计,应遵循以下基本原则。

（1）适宜原则

①根据运动员的身心特点和运动水平合理安排训练负荷。

②一般来说,负荷量度的增加越接近个体承受能力的极限,就越能挖掘其潜能,就越能取得理想的训练效果,因此,要科学探求个体与球队整体的负荷量度的临界值,合理地加大训练负荷量度。

③在训练课中正确处理两次训练课之间的负荷关系。

④处理好训练负荷与训练恢复之间的关系。

（2）比赛需要原则

①运动训练负荷的安排应符合个体在运动对抗中的特点。

②训练负荷的安排应符合足球比赛的要求。

③训练符合的安排应符合小间歇而反复完成较大负荷强度的负荷特点。

（3）周期性原则

足球运动员在竞技状态形成后可以稳定在一定的时期内，这就是所谓的竞技状态的保持。但是当运动员的竞技状态保持一段时间后，竞技状态就会出现下降的趋势，这一阶段叫作竞技状态下降阶段。每一阶段，运动员都会呈现出不同的阶段特点或周期性特点，因此在安排训练负荷时应在周期的不同阶段体现出周期性特点，即运动训练负荷的安排要遵循周期性原则。

（4）循序渐进原则

足球训练负荷的安排还要遵循循序渐进的原则，负荷的安排要由小到大，有一定的过渡，不能直接承受最大负荷或从最大负荷不经过渡而结束训练。

①训练课热身与引导训练阶段：应平稳地逐渐增大训练负荷。

②基本部分训练阶段：训练负荷应呈现两个负荷台阶的变化。即训练学习阶段的负荷量度明显增强，负荷强度呈上升趋势。学习阶段的中后部分出现第二个较大的负荷高峰。运用与巩固阶段的负荷应是整个训练课负荷的最高峰，训练负荷达到比赛水平。

③恢复放松训练阶段：负荷量度明显降低，负荷强度快速下降，逐渐滑向负荷的低谷，最终过渡到停止运动。

（四）训练攻防目标的设计

1. 攻防目标类型的设计

现代足球运动比赛中，攻防目标可大可小，目标数量可多可少，训练中，对攻防目标方位、大小、数量应根据训练目标来设置，以便更好地实现训练课目标。

（1）单攻防目标（单球门或1个目标人）：适合于改进和提高局部地区攻防技、战术某一方面的能力，如固定套路练习、射门或运球过人突破练习等。

（2）双攻防目标（双球门或两个目标人）：适合于攻防僵持与转换能力的发展和提高。如2对2、3对3、5对4等攻防战术练习。

（3）多攻防目标（多球门或多个目标人）：适合于形成与发展攻防点、面的合理选择和攻防重心转移的训练。

（4）较大攻防目标（某一区域）：对重点区域技战术的应用的训练，如保护、补位与协防。

（5）较小攻防目标：适合于提高传球与射门技术运用准确性的技术训练，和提高进攻结束阶段的战术配合训练。

2.攻防目标方位的设计

校园足球训练课攻防目标方位设计主要包括以下几种。

（1）场地两端中间相对，直线相距较短的两个攻防目标（图5-1）。适用于提高迂回进攻能力的攻防对抗练习；捕捉门前进攻战机和要害区域防守能力的攻防对抗练习；提高快速攻防转换的意识及能力的攻防对抗练习。

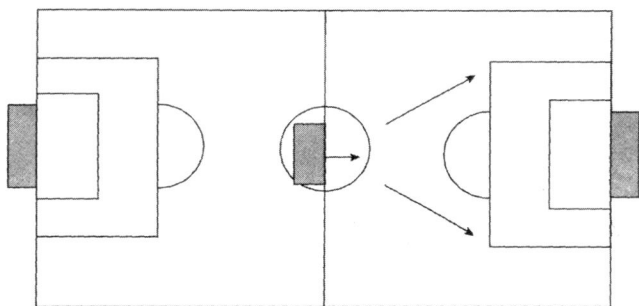

图5-1

（2）场地一端左右侧的两个或全场四个攻防目标（图5-2、图5-3）。适用于提高边路攻防能力的攻防对抗练习；提高边转边、中路向两侧边路过渡性转移进攻能力练习。

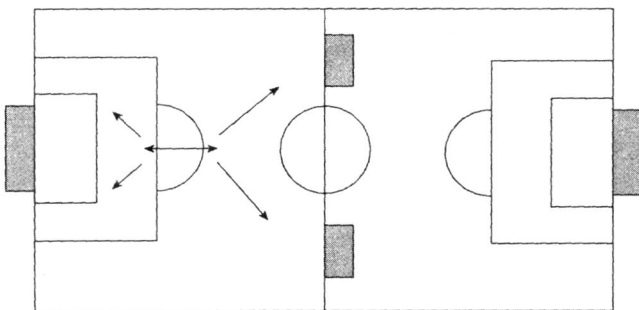

图5-2

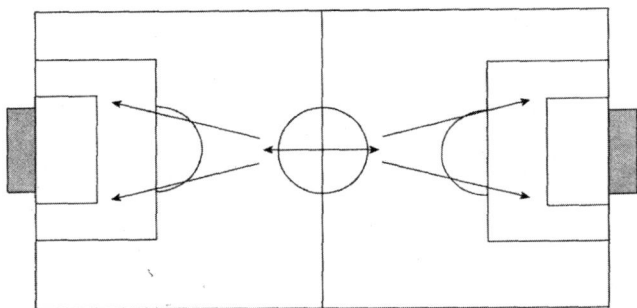

图 5-3

（3）边路区域边、中两个攻防目标（图 5-4、图 5-5）。适用于提高边路个人或两人之间的纵深进攻 / 防守能力练习；提高个人或两人之间的边路内外线结合的纵深 / 防守能力练习。

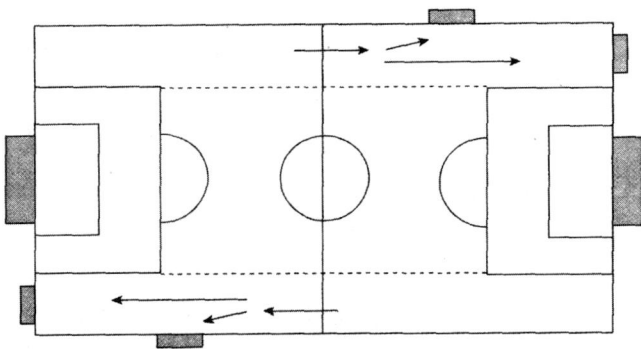

图 5-4

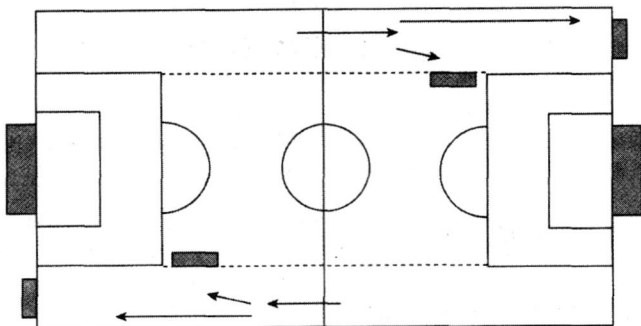

图 5-5

（4）场地两边与端线中间三个或全场六个攻防目标（图 5-6），适合于发展与强化边中结合，中边结合和中路渗透的立体进攻意识及能力练习；提高快速调动防守重心，形成立体逼迫式盯人的协防意识及能力练习；提高局部或整体攻防协调与灵活性的练习。

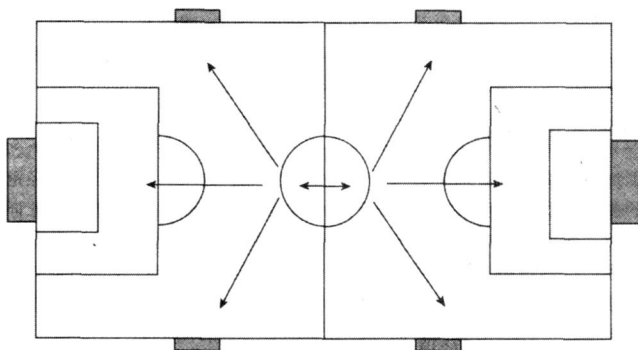

图 5-6

二、校园足球训练的科学发展

（一）制定明确可行的培养目标

在制定足球培养计划之前，首先要制定一个切实可行的培养目标，培养目标的确立要符合青少年足球运动员的具体实际，既不能过高也不能过低，要是运动员通过自己的努力能实现的。在培养青少年足球运动员的过程中，教练员要为每名运动员制定一个明确而符合实际的培养目标。这是因为每名球员都存在着较大的差异，参与足球运动的想法和动机不同，训练的水平和身体素质也不同。例如，有些青少年运动员是因为对足球的兴趣参加的，有些可能是因为在父母的要求下参加的。无论是哪种原因，一旦成为运动员，教练员就有责任帮助他们制定和实现既定的目标。

另外，足球运动员在生理和心理上也存在着较大的差异，这就要求教练员在进行训练时，要设计出适合运动员训练的体系，并注意不同年龄阶段运动员训练的内容和要求，无论是对哪一个年龄阶段的运动员进行训练，在安排和培养目标上都要有针对性。足球教练员在教学过程中，要采用多种方法，结合运动员自身的特点进行训练。

（二）创造轻松有趣的训练氛围

在青少年足球运动员训练的过程中，教练员要密切关注运动员的兴趣，努力为其创造一个良好的训练氛围，以提高运动员训练的积极性。在青少年足球训练的早期阶段,教练员应该明白不要过早地固定其在场上的位置。这一阶段的训练应该是了解和熟悉场上所有的位置。在实际训练中,教练员在设计训练项目时要特别用心,要将运动员的各种因素考虑在内。

对青少年足球运动员的培养,不要过分追求最终的比赛成绩和结果,而是重点观察运动员球场上的实际表现。教练员应该对青少年运动员的训练给予积极、鼓励的态度,为他们创造一个轻松的足球训练氛围,这样对其技战术水平的提高和综合素质的发展具有重要的意义。

（三）提高教练员的教学水平和能力

要想提高青少年足球运动员的训练水平,教练员首先就要具备全面而丰富的足球知识和足球专业水平,这就需要建立一个教练员培训部门,对教练员进行系统的、正规的培训和管理,只有达到合格标准的教练员才能保证足球训练工作的质量。教练员要充分利用培训的机会,掌握足球训练的技术动作教学与示范方法,进一步提高自身的专业水平和教学能力。

在培养青少年足球运动员的过程中,教练员还需要注意提高自己的观察能力和思考能力,从而逐步提升自己的执教能力。教练员要选择适合青少年足球运动员身心发展特点的练习活动,每开始进行一个新的练习,都要仔细观察队员们对这项练习的反应、难易程度和强度大小等情况。通过多方面的观察,进一步提高自身的思考能力,能真正地发现足球训练中存在的问题,并能尽量去改善练习,以达到更好的训练效果。另外,教练员还要结合运动员的具体实际,设计出一套有效的训练方案,以激起青少年运动员参加训练的兴趣,进而提高其足球技术水平。

第六章　校园足球科学发展之文化建设

文化建设是校园足球发展的重要内容,只有做好文化建设工作,校园足球才能得到科学发展。本章从文化建设方面对校园足球科学发展进行研究,在对校园足球文化的基本理论进行分析的基础上,对校园足球文化发展及影响因素进行了分析,最后提出了校园足球文化建设的对策,为校园足球的科学发展奠定文化基础。

第一节　校园足球文化的基本理论

一、文化

"文化"是一个内涵丰富、外延宽广的多维概念,各界、各领域的学者都根据自身的研究角度对文化进行了阐述,但没有对文化的概念形成共识,可谓"仁者见仁,智者见智"。汉语中的"文化"一词是由"文"与"化"两个字构成的,"文"的本义指,各色交错的纹理。"化"本义为改易、生成、造化。两字并联使用,较早见之于战国末年儒生编辑的《易·贲卦·象传》:"(刚柔交错),天文也。文明以止,人文也。观乎天文,以察时变;观乎人文,以化成天下"。在这里,"人文"与"化成天下"紧密联系,"以文教化"的思想已十分明确,指以与武力征服相对待之"人文"即人伦仪则、道德秩序去规范和化易人民于"野蛮",使之开化和文明化的活动,它表示对人的性情的陶冶和品德的教养,属精神领域之范畴。西方对"文化"的研究由来已久。"文化"一词,相当于英语的"Culture"和德语的"Kultur",而它们又来自拉丁语的"Cultura",原义含有神明崇拜、耕种、练习、动植物培养及精神修养等意思,与中国古代的"文化"从一开始就较偏重精神教化不同,西方的"Culture"更多地展现了逐渐由物质生产活动引入精神生产活动的特点。

（一）广义文化

广义文化指人类作用于自然界和社会成果的总和,包括一切物质财富和精神财富。广义文化的涵盖面非常广泛,涉及的内容众多,因此在进行研究时,首先要对其结构进行剖析。

关于文化结构,有物质文化与精神文化两分说,物质、制度、精神三层次说,物质、制度、心态、行为四层次说,物质、社会关系、精神、艺术、语言符号、风俗习惯六大子系统说等。下面我们以四层次说为例对文化结构进行简要的分析。

1.物态文化层

物态文化层是指由物化的知识力量构成的人的物质生产活动及其产品的总和,是可感知的、具有物质实体的文化事物,是构成整个文化创造的基础。物态文化的主要目标是满足人类最基本的生存需要,它直接反映人与自然的关系,以及社会生产力发展水平。

2.制度文化层

制度文化层主要包括社会经济制度、家族制度、婚姻制度、政治法律制度等,它是由人类在社会实践中建立的各种社会规范构成的。人类与动物的区别在于,人类在创造物质财富的同时,又创造了一个属于他们自己的社会环境,创造出一系列的处理人与人之间相互关系的准则,并将它们规范成为各种制度。这就是人类文化的制度文化层面。

3.心态文化层

心态文化层由人类社会实践和意识活动中经过长期蕴育而形成的价值观念、思维方式、审美情趣等构成,是文化的核心部分,更是文化的精华部分。

4.行为文化层

行为文化层通常是指一个国家或地域的民风民俗,常见于人们的起居动作之中,它具有鲜明的民族和地域特色。由人类在社会实践,尤其是在人际交往中约定俗成的习惯性定势构成。它是一种社会的、集体的行为。

（二）狭义文化

狭义文化是指意识形态所创造的精神财富,它排除人类活动中关于物资创造活动及其结果的部分,专注于精神创造活动及其结果。狭义文化主要包括宗教、信仰、道德情操、风俗习惯、学术思想、文学艺术、科学技术、各种制度等。狭义文化是一种意识形态的产品,它既是社会政治和经济的反映,又反作用于一定的社会政治和经济。

广义文化与狭义文化之间的区别并不是非常的明显,其区别仅在于范围的大小。一般来说,在逻辑上狭义文化从属于广义文化,与广义文化之间相互联系、不可分割。通常研究一种文化现象,既要研究它的广义的概念,又要研究它的狭义的概念。

二、体育文化

体育作为一种独具形态的社会文化现象,一直伴随着人类社会的发展而不断演进和发展着。同时,体育作为一种社会文化活动,体现着人类在改造自然界过程中的文明发展程度,具备文化的各种特征,因此体育也是文化的重要组成部分。

体育有着悠久的发展历史,大概可以追溯到人类的原始社会时期,但是体育作为一种文化现象,"体育文化"概念的提出却是在近代才出现。当人们把体育作为一种文化现象来加以认识时,就产生了综合全部体育活动的"体育文化"这一概念。

在近二十年国内兴起的体育文化讨论中,学者们从各自不同的角度去界定体育文化,对现存的体育文化的诸义中做出自己的选择或提出自己的看法。易剑东教授在其《体育文化学》认为"体育文化是一种利用身体活动以改善人类身体素质、追求精神自由的实践活动"[①]。杨文轩在《体育原理》中对这种体育文化的界定表示了肯定,并自己总结出体育文化的定义:"是在增进健康、提高人们生活质量的过程中创造和形成的一切物质的和精神的财富,包括与之相适应的社会组织及规范体育活动的各种思想、制度、伦理道德、审美观念,还包含为达成体育目标的各种改革举措以及相应的成果。"卢元镇教授认为"体育文化是关于人类体育运动的物质、制度、精神文化的总和",大体包括体育认识、体育情感、体育价值、体育理想、体育道德、体育制度和体育物质条件,一般包括体育物质文化、体育制度文化和体育观念文化三个层次。

---

① 　易剑东.体育文化学[M].北京:北京体育大学出版社,2006.

三、校园体育文化

（一）校园文化

校园文化的概念可以从广义和狭义两个方面来讲,广义的校园文化是指学校存在方式的总和,主要包括学校物质文化、学校制度文化和学校精神文化三个方面的内容;狭义的校园文化是指以学校课外文化活动为主要内容的文化氛围和精神文化。从这个意义上讲,校园文化即特指区别于课程文化的课延文化。所谓"课延文化",即是指课程文化的延伸形式,是指相对于校内课程文化、课堂教学等主导活动之外,学校组织和引导师生开展和参加的各种有意义的活动。

（二）校园体育文化

校园体育文化是体育文化的组成部分,由以上对校园文化概念的分析可知,校园体育文化是指校园内所呈现的一种特定的体育文化氛围。它同样也包括校园体育物质文化、校园体育精神文化和校园体育制度文化三个部分。它是学校的师生员工在体育教学、健身运动、运动竞赛、体育设施建设等活动中形成和拥有的所有的物质和精神财富,以及体育观念和体育意识。校园体育文化是以学生为主体,以课外体育文化活动为主要内容,以校园精神为主要特征的一种群体文化,校园体育文化与竞技运动文化、大众体育文化共同组成了广义的体育文化群。

校园体育文化是在校园这一特定的环境中产生和发展的,其结构本质是一种耗散结构,其系统是一个动态系统,其根本是一个不断创造的过程。体育涵盖了文化研究中的人与自然、人与人、人的精神与物质关系的全部三个方面。对于校园体育文化来说,在校园体育文化建设过程中应重点突出文化范畴的创新精神和体育范围内的个性解放。

四、足球文化

从广义的角度谈文化,就是指人类社会实践过程中所获得的物质、精神的生产能力和创造的物质、精神财富的总和。而从狭义的角度谈文化,就是指精神生产能力和精神产品,包括一切社会意识形态、自然科学、技术科学、社会意识形态。

对于足球文化来说,可以将文化的概念与足球相结合。以现代社会来说,足球已经成为一种精神的象征,并且是众多社会文化中的一分子,足球运动是人们进行自我完善、自我发展的重要物质形式。

足球运动本身具有多样化的价值,这些价值不仅体现在人的有形的物质形态方面,还体现在人内在的精神世界中,反馈到外部后表现在各种社会行为上。众多人类社会公认的优秀精神,如勇敢顽强、拼搏进取、公平公正等也同样能在足球运动中彰显。鉴于此,为了能够将足球运动传播得更加广泛,就必须要使作为文化现象的足球运动成为一种世界共有的文化现象,如此一来足球所包含的一系列元素(如技术、战术、体能、心智、观赛文化)才得以更加顺畅地被理解。

足球文化是体育文化的组成部分,是体育文化的子系统,与体育文化有着相同的属性。马克思认为任何文化的实质都是人化,是人类在改造自然、社会和人本身的历史过程中,赋予物质和精神产品全部总和以及人的行为方式以人化的形式的特殊活动。足球文化的实质是足球的人化,即人类在进行足球运动的实践过程中,赋予足球运动以人化的形式[1]。具体说来,便是与足球这项运动相联的一切人类心理、行为与所创造事物的总和。因此,我们认为足球文化就是指人在参与足球活动中创造产生的所有形态的综合体。

五、校园足球文化

校园足球文化主要由物质文化、精神文化、规范文化和行为文化四大方面构成。下面具体对其进行具体分析。

(一)校园足球物质文化

物质文化是校园足球文化中较为基础的、具有保障性的一项。支持校园足球运动文化的物质基础有很多,具体可以将其归纳为两个方面,即场地器材等设施和师资力量。

1.场地器材等设施

几乎任何体育运动的开展都需要有一定的条件。对于足球运动来说,这个条件就是供足球运动开展的各种规格的场地和相关设施与器材。这是足球运动正常开展的基本条件之一。尽管这里强调了校园足球物质文化的重要性和基础性,但这并不代表只要拥有良好的硬件设施校园足球

---

① 王国栋.对足球文化全球化问题的思考[J].内蒙古师范大学学报,2006(2).

文化水平就高,而只是能说明具有提升校园足球文化的基础。

2. 师资力量

校园足球文化的传播和发展离不开活动的教学者和组织者,因此,是否具有足够的师资力量就成为校园足球文化能否蓬勃发展的重要物质因素,这种影响甚至是决定性的。鉴于此,在《中国青少年足球"十二五"发展草案(征求意见稿)》的文件里专门对校园足球师资作出了明确指示,《草案》中规定,各级教育部门都要对足球运动的师资队伍结构进行完善,力争使每所学校在 5 年内都能拥有至少 1 名足球专业教师。从文件中也能看到提升校园足球师资力量已经成为目前校园足球文化发展过程中亟须解决的问题。

(二)校园足球精神文化

校园足球精神文化主要体现在意识领域当中,具体表现为校园足球文化传播与建设的指导思想、发展目标与理念等。校园足球精神文化的最大意义在于它为校园足球文化的建设注入了内在动力。校园足球文化在精神层面上可以通过节日、舞台、窗口、名片和提升五个层面得以体现。

(1)"节日":所谓的节日就是指让校园足球活动举办日成为学生心目中最期待的节日。

(2)"舞台":校园足球活动的开展就是为所有喜爱足球运动的学生提供宽阔舞台,在这里他们可以展现自己的足球天赋与无尽的热爱。

(3)"窗口":由学校提供的足球平台。

(4)"名片":通过校园足球文化,使学校成为足球特长学校,从而提升整个学校在当地的影响力。

(5)"提升":校园足球活动品牌价值提升。

从总体上看,对于建设校园足球文化来说,对其精神文化的建设最为重要。之所以这么说主要有三个原因。第一,只有建设好校园足球的精神文化,才能给之后的其他校园足球内容的建设提供驱动力;第二,精神文化蕴含着学生对校园足球活动的期望;第三,校园足球的精神文化是任何一所学校及其所在城市对校园足球发展目标的终极追求。

相比于其他运动而言,足球运动成为我国众多学校体育教育内容的历史较早,几乎与篮球和排球等同。较早在校园中出现,也就在之后的校园体育文化的发展中占据一定的地位,在其发展过程中,参与群体和个体所具有的意识观念以及开展校园足球活动所需的社会环境都会对其产生非常深远的影响。当然这也与学校所在地的地方文化和社会发达程度紧密相关,如果学校所在地区具有开放、包容、奋进的优势,那么在该城市学校中所形成的足球精神必然也带有相应的特点。

（三）校园足球规范文化

校园足球文化中的规范文化是指能够促进校园足球文化健康、可持续发展的合理的发展模式和规则。校园足球规范文化是学校开展足球活动的重要保障,其组成主要为两部分,一部分是运行模式,另一部分是规则体系。其中,在运行模式下还有管理模式与活动组织模式,而在规则体系下则有指导性文件、纲领性讲话以及各种规章制度等。

在制定与校园足球有关的各种规则体系时,首先要符合教育部和国家体育总局所下发的相关指导文件,在此基础上再将其与学校的各种实际情况相结合,最终形成具有本校特色的规范性制度。

目前,对于我国校园足球管理模式的研究来说,探索使校园足球运动健康、可持续发展的管理模式仍旧是重中之重的一个课题。这个课题的研究关键就在于如何将体育与教育完美整合为一体,或是直接说如何将足球与教育融合,那么体教结合显然是较为有效的方式。

在包括校园足球在内的多种校园体育蓬勃发展的今天,其发展可谓是千变万化,其中各元素也在发生着变化,对于足球文化来说更是如此,这就必然会使我国校园足球文化随着足球文化的不断发展而融入更多不同类型的活动。由此更加需要对校园足球的各类活动进行合理规划,并制定出针对性较强的规章制度,从而构建出能够与学校实际相符合的校园足球运动运行模式。

（四）校园足球行为文化

校园足球的行为文化是参与校园足球活动的学生在活动过程中表现出来的各种言行行为而衍生出的文化。学生是校园足球文化的主体,他们既是校园足球文化的缔造者,也是这一文化的受众,因此,学生对于校园足球文化形成与发展都起到重要促进作用。为此,学生在校园足球活动开展过程中所表述的语言和做出的行为都蕴含在校园足球文化之中,成为其中的行为文化。

具体来看,校园足球行为文化主要有与校园足球相关的学生的行为环境、行为方式及价值观念等。

1. 行为环境

这里所说的行为环境主要是指在校园中营造出来的与开展足球活动

相匹配的氛围,如足球发展历史、足球传统文化以及当地的社会环境等都属于校园足球行为环境。

之所以不能忽视行为环境就在于它能够对学生的足球价值观和足球行为产生影响。而在校园足球行为文化的建设过程中,学校及其所在的城市的足球发展历史、足球群众基础和足球氛围会对其产生深刻的影响。这就使得为了构建良好的校园足球氛围,就不得不有意识地在创建良好行为环境上面下足功夫。

2.行为方式

在校园足球活动中,学生的行为方式是其内在所有思想于外在的最直观体现。一般可以将学生的行为方式分为个体行为方式和群体行为方式两种,具体如下。

(1)个体行为方式

个人行为方式是指在个体价值观念的指引和影响下,学生在校园足球活动中所表现出来的各种不同的行为活动。

(2)群体行为方式

群体行为方式是一种共性行动表现,它受到校园足球活动的规则、制度、礼仪以及相关规章、制度和法律等的统一要求。

在此需要说明的是,尽管校园足球文化的建设与发展需要遵循符合校园足球运动本质的规律、规则以及各类规章制度,但同时也需要尽量照顾到学生的个体差异行事,并促进其个性的不断发展,避免对个性过分"打压"。

3.价值取向

校园足球行为文化的价值取向主要是指学生在充分认知校园足球文化后获得的认识、形成的意识形体以及精神面貌。价值取向对于学生参与足球活动的积极性起到非常重要的影响,这种影响甚至是决定性的。为此,为了培养学生良好的校园足球行为文化,首先就应该从培养他们正确的价值取向入手,培训的具体内容有参与足球活动的目标、理念以及良好的精神面貌。

(1)足球理念

足球理念,指的是校园足球运动的基本特征和规律。每个学生都有自己对校园足球活动的认识与理解,这些理解或多或少、或深或浅,或正确或有误。基于此,学生对校园足球形成了一个全新的认识,这种认识将会指导他们参与校园足球活动的方向,明确活动的意义。

（2）足球目标

参与校园足球活动能够得到什么，是学生最重要的参与动机。这就是校园足球运动的最基本的目标，即足球目标。学生从身心到社会经历等很多方面的不同导致其形成不同的性格、阅历、身体素质等，这是学生之间正常的个体差异，这些差异能在他们对待事物时反映出来。就校园足球活动来说，不同学生参加其中的目的各不相同，有些为了增强体质，有些为了结交朋友，有些则是单纯地喜欢这项运动，等等。这些都是学生参与足球活动想要实现的目标，这些目标就是动机。由此，为了使校园足球文化能够获得可持续发展，就必须要针对不同学生的足球目标类型制定出负荷这类目标群体的长期稳定的足球目标。

（3）精神面貌

学生参加校园足球活动的精神面貌能够体现出他们参加活动的动机有多么强烈。根据行为方式的影响效果来看，精神面貌短暂、稳定性差，学生对于足球的行为方式会长期受到足球理念和足球目标的影响。

第二节　校园足球文化发展及影响因素

一、校园足球文化发展的规律

无规矩不成方圆，任何事物的发展要遵循其内在规律。校园足球文化的开展必然要遵循一定的规律。就校园足球文化发展的规律来看，主要包含三个方面。

（一）文化发展的规律

校园足球文化不应脱离校园，不应将校园文化过分地社会化。校园足球文化同其他校园文化一样，不能单独存在，而应与其他文化共同发展，相互促进，形成和谐、包容、独立、多样化的校园文化氛围，使校园成为先进文化和思想的聚集地、发散地，更好地为社会服务。

（二）教育的规律

在校园中，足球的开展应当是一种普遍性教育，即教育的成果要惠及大部分学生。在足球文化的教育过程中，使学生逐渐完善人格特质，精神思想水平得到升华，身心健康水平进一步提高，这是校园足球文化作为教育手段的本质。

（三）师生发展的规律

在校园中，师生都有发展自身的需求，且这种需求在一定程度上应当被维护，要避免过多的行政干预。应鼓励师生在发展过程中形成自己的风格、个性，培育独立、自由的精神，树立平等、公正的观念，要注重对于学生价值观、人生观的塑造，使师生成为真正有文化的人。

二、校园足球文化发展的现状

（一）校园足球物质文化发展现状

场地器材设施和师资队伍是校园足球物质文化的两个重要内容，因此对校园足球物质文化建设现状的分析也主要从这两方面来入手。

足球运动这项体育项目对场地与器材的要求是非常严格的，究其原因，主要是由于如果场地与器材不达标，对于足球教学与训练实践的开展是非常不利的，除此之外，还容易使运动员发生运动损伤。我国十分重视校园足球活动的开展，国家体育总局也对此相应地不断增加投入，专门有用于校园足球开展的经费，尽管如此，我国的校园足球的硬件设施尤其是场地的缺乏问题仍然严峻。

对校园足球运动发展产生制约作用的主要因素中，包括我国严重缺乏足球训练场地这一关键因素。我国的足球场地有限，而且大多数场地都在高校校园中，标准的足球场在中小学特别是小学几乎没有。目前，大部分中小学的足球训练场地都是与其他运动设施相混合的，而且足球训练设施十分陈旧，长期都不会换新，这种情况严重制约了学生足球运动水平的提高，也无法达到校园足球活动顺利开展的目的，因此改善校园足球场地与设施十分必要。

（二）校园足球精神文化发展现状

目前来说，只有为数不多的几所学校校园足球精神文化建设良好，建设情况较差的学校占到了绝大多数。

在对校园足球精神文化建设现状进行调查的过程中，主要从三个问题来进行，即"学校通过本校的足球文化是否提升了自己的影响力""学校的足球文化是否是教师的舞台""学校的足球文化是否可以成为体育节日"。从调查中可以发现，在第一个问题上，有些学校高度认同通过足球文化的宣传可以提高本校的影响力,这类学校以高校居多,因为这些高校中已经建立了高水平的足球队,足球队也代表本校参加了全国足球比赛,通过参加比赛提升了本校的知名度,所以这些高校认可通过足球可以提高学校的影响力。在第二个和第三个问题上,认同感就远远低于第一个问题了,这主要是因为现阶段我国各级学校中的足球组织、足球竞赛体系和足球管理机制还不够完善,存在许多问题。

（三）校园足球规范文化发展现状分析

目前,我国校园足球规范文化建设的现状主要表现为:建设水平还比较低,只有少数一些学校对校园足球规范文化进行了较为成功的建设,而大部分学校在规范文化建设中还没有突出的成就,甚至有些学校还没有开始着手建设足球规范文化。

在调查校园足球规范文化建设现状的过程中,我们同样从三个问题来进行,即"学校是否可以严谨地组织足球活动""学校是否有完善的足球运动管理模式"以及"学校是否制定了严格的足球运动管理制度"。关于这三个问题,大多数的学校都没有给出肯定的回答,由此也反映出,现阶段我国校园足球规范文化的建设还处于较低的水平,这一问题在很大程度上制约着我国校园足球文化体系的建设。

（四）校园足球行为文化发展现状分析

从总体上来说,我国校园足球行为文化现阶段的建设现状是比较差的,校园足球的物质文化与规范文化会在很大程度上影响校园足球文化建设的核心——校园足球行为文化。因为现阶段我国校园足球规范文化的建设水平较低,因此行为文化建设现状不容乐观也就不难理解了。一般来说,强身健体、结交朋友、发展自我、获取愉悦是学校教师与学生参与足球活动的几个常见目标。其中,出于健身动机而参与足球运动的师生所占的比例最多。

在对校园足球行为文化发展现状进行分析的过程中,主要从以下几个方面着手来进行。

1. 足球竞赛活动

通过调查部分学校是否有组织地开展了足球竞赛活动这一问题后发现,只有少数几所学校对足球竞赛活动进行了规范的组织与有效的开展,而很多学校虽然开展了足球竞赛活动,但是由于没有进行科学的组织,导致比赛过程中出现了很多问题。可见,我国各级院校需要定期组织足球竞赛活动,从实战中总结经验,促进足球竞赛活动的规范化发展。

2. 足球礼仪和游戏

目前,我国很多学校在足球礼仪和游戏方面整体水平还比较低。

3. 足球环境

足球环境主要包括两个方面,一个是城市足球环境,一个是学校足球环境。

（1）城市足球环境

从相关的调查中可以发展,很多学校的学生都认为自己所在城市的足球环境不是很好。究其原因,主要表现在两个方面:一方面是学生所在城市的足球俱乐部在足球联赛中没有取得优异的成绩,因此对有关本市俱乐部的一些球迷活动,学生没有兴趣参加;另一方面是,学生所在城市的各级院校没有积极举办或参与足球联赛活动,城市足球环境的建设因此而受到制约。

（2）学校足球环境

经过调查发现,参加过国家足球联赛的足球队所在的学校通常有比较好的校园足球环境,校园足球氛围较为浓厚,学生参与足球活动的积极性也比较高。这主要是因为学校中高水平的足球队长期处于训练状态中,因此能够带动他人也参与进来,使学校足球文化环境不断优化。而没有高水平足球队的学校一般足球环境氛围较差,其所在城市的足球文化发展也会受到一定的制约。

三、校园足球文化发展的影响因素

我国校园足球文化发展的主要因素因素有足球课程、足球比赛、足球拉拉队、足球氛围和足球表演等因素。其中,足球课程、足球比赛、足球运动氛围及足球迷是其中最为重要的影响因素[①]。

（一）校园足球课程

学校能够形成校园足球文化,其关键在于其是否具有完善的足球教学体系,是否重视足球教学。假如一个学校在足球课程设置方面非常合

---

① 黄冠铭.长春市高校足球文化建设的研究[D].吉林体育学院,2014.

理,就是进一步拓展学生对足球知识学习的途径,其校园足球文化也自然而然地得到相应的发展。但就目前来看,我国校园足球课程设置存在很多不合理之处,主要有以下几点。

(1)过于程序化的校园足球教学模式,在足球教学中,很多学校过于重视足球技术教学,却忽视了足球所具有的特点。

(2)在足球教学中,教师向学生传授的主要是足球技能,而却很少向学生讲解如何运用足球技术。

(3)不合理的足球考核方式。对于足球教学的考核,学校侧重于对教学效果的测评,而忽略了对教学过程的评价。

(二)校园足球比赛

通过组织足球比赛的方式来促进校园足球的快速发展是校园足球文化建设与发展的重要手段。就拿高校足球赛事——中国大学生足球联赛来说,这项赛事是由中国足协与教育部共同举办的,并交给专业的体育营销公司进行运作、宣传和推广,这使得校园足球文化得到了很大的发展。但由于我国整体足球水平不高,足球市场不景气,使得中国大学生足球联赛所产生的影响力在高校中并没有充分发挥出其所具有的作用,从而造成了大学生参与足球比赛的机会不多,最终导致其积极性的逐渐丧失。

(三)校园足球运动氛围

校园足球文化的建设与发展受到校园足球运动氛围的直接影响。导致校园足球运动氛围不高的原因主要有以下几个。

(1)校领导没有给予足球教学足够的重视,对足球教学的态度和认知不高。就目前来说,很多学校的领导没有足够重视足球教学,在他们看来,足球运动在我国校园中的市场不够广泛,投入人力、物力、财力来发展足球运动并不会给学校带来立竿见影的效果,因此他们并不愿意将过多的精力投入到足球教学中。

(2)对于足球技战术,学生没有灵活掌握。虽然通过足球教学能够使学生能够学习和掌握相应的足球技战术,并不断提升,但是学生并不能对足球技战术进行灵活的运用。

(四)校园足球球迷

对于校园足球文化来说,足球球迷是其重要内容,是不可缺少的,同时也是校园足球文化进一步发展的重要因素。根据相关调查研究表明,就校园足球球迷来说，无论是从其组成结构还是数量上来看，都是非常单调的。这主要表现在以下几个方面。

（1）对于足球的了解，校园中真正理解足球、懂足球的人少之又少，而围绕足球这一话题进行讨论的人也非常稀缺，就拿高校中经常组织的院系之间的足球比赛来说，去现场观看比赛，为比赛双方加油助威的拉拉队就非常少。

（2）与足球相关的消费水平也不高。随着当今社会就业压力的不断增大，再加上足球运动在我国发展水平不高、足球市场不景气，很多大学生都不愿意参与足球运动，对于足球运动的兴趣和积极性降低，这就导致了在足球方面的消费水平下降。足球消费能力的降低会对与足球相关的产品开发与发展产生直接影响，形成恶性循环。

第三节　校园足球文化建设的科学探索

一、校园足球文化建设的原则

在校园足球文化的建设过程中，需要遵循的原则主要有三个方面，即主体性原则、协调性原则以及与时俱进原则，具体如下。

（一）主体性原则

主体性原则，又称"以人为本"原则。学生是校园足球文化的创造者和受益者。现代素质教育理念注重对学生全面性和社会适应力方面的培养，即培养出德、智、体全面发展的综合型人才。因此，校园足球文化的建设必须围绕着学生这个主体来进行。

在遵循校园足球文化建设的主体性原则时，需要做到以下几个方面的要求。

第一，要坚持素质教育，使学生能够在这种有利的氛围下，通过丰富多彩的体育运动得到充分锻炼，对体育观念、体育精神、体育价值、体育道德产生正确的认识。

第二，重视学生享受参与体育活动体验的同时，还应该注重培养学生掌握体育活动的组织方法和运行规律，使其能亲自组织一些体育活动。

第三，校园足球活动的组织要以学生为核心，了解学生需要什么，想要得到什么样的体育文化氛围，满足学生的合理体育需求。

（二）协调性原则

校园足球文化的建设是一个系统工程，要做到多方面统筹兼顾，必须协调各方面的内容和利益。只有做到这些才能将校园足球文化建设得更加合理、有序。具体来说，建设校园足球文化的协调原则主要从以下两个方面得到体现。

1. 足球课堂教育与课外活动的协调

足球课堂教育和课外活动是当前构建校园足球文化的基础。一方面，体育课（包括室内理论课和室外体育实践课）是学校的必修课，体育教学大纲规定了学生每周的最少体育活动时间。体育课的开展是构建校园足球文化体系的重要内容之一。另一方面，课外活动是校园体育的重要组成部分，它虽然不是国家规定的活动内容，但它的丰富程度会直接影响校园足球文化的开展水平。由于课外活动不受教学大纲限制，它体现出比体育课更为灵活、内容更为丰富的特点，能够充分地满足学生的个性需求。但课外体育活动的开展是需要体育理论知识和运动技能做基础的，因此，应该把课堂理论知识赋予课外活动实践，用实践的经验来补充理论知识，两者相互完善、相互促进，以促进校园足球文化的建设。

2. 足球教学硬件与软件的协调

校园体育硬件设施建设是开展校园体育活动的必要物质基础，而校园体育软件建设是校园足球文化的完善，如果学校的组织内容多样、制度完善，但硬件设施始终跟不上组织活动的要求，那么，所谓的组织计划、规章制度都只是一种空谈，而如果体育硬件设施完善，但软件设施建设与现存的校园足球文化格格不入，体育活动组织内容单一，那么学校的硬件设施就成了一种摆设，因此，在当前校园篮球文化的硬件与软件建设中，不应偏废任何一方，必须"两手抓，两手都要硬"，"软硬"协同发展。只有这样才能确保校园足球文化的发展始终保持在一种平衡的状态下，达到事半功倍的效果。

（三）与时俱进原则

文化是时代的产物，必须顺应时代发展的潮流。校园足球文化的建设也应符合时代特点。现代社会经济发展迅速，人们生活观念不断转变，人们越来越重视生活品质的提高，追求精神层面的富裕，在这种时代背景下，作为社会亚文化的校园足球文化，必须要随着社会需要而转移建设方向,与社会同步,才能更好地服务于社会,满足学生的体育需求和社会对人才的需求。

二、校园足球文化建设的对策

我国校园足球文化建设中的核心是文化。在校园足球文化中共有四个结构,分别是物质文化、精神文化、规范文化以及行为文化。其中,物质文化是基础,精神文化是指引,规范文化是保障条件,行为文化是核心。这四类文化之于校园足球文化来说各有各的意义。为此,要想加快校园足球文化的建设与发展,就应该从这四个方面分别来着手开展。

(一)校园足球物质文化建设的对策

要加强校园足球物质文化的建设,需要从以下几个方面着手进行。

1. 建设与维护好场地设施

从足球场地数量来看,现有的校园足球场地基本上不能满足学校日常足球教学和学生参与足球学练的需求,各项与足球相关的群体活动也因为场地不足而无法开展。从足球场地设施的维护来看,现阶段关于足球场地的日常维护,很多学校尚存在较大缺陷,这就导致一些学校的校园足球场地逐渐出现破败不堪的迹象。长此以往,学校中的足球场地终究会因为年久失修而废弃,这样足球教学、校园足球活动的开展与足球场地缺乏之间的矛盾就愈加激烈了。因此,各个学校应在校园足球场地设施建设方面加大投入力度,不仅要重视对新场地的修建,还要注意对已有场地的维护,以此来促进校园足球场地设施使用寿命的延长及使用效率的提升。

2. 加强师资力量建设

世界上绝大多数足球发达国家除了摸索有利于本国足球运动发展的规律和长远计划外,还非常注重建设高质量的足球师资力量队伍。其中针对刚刚接触足球不久的儿童的师资力量更为强大,足球启蒙教育对他们了解和热爱此项运动起到直接的影响作用。在吸收了国外足球师资力量建设的经验后,我国也应进一步做好培养足球教师与教练员队伍的工作。足球教师身处校园足球工作的一线,其对学生产生重要影响,可以说,师资是校园足球实现长远发展的关键。然而目前我国足球师资队伍的现状表现出了质量较低、数量较少的不足。为了打造优秀的校园足球师资队伍,可以从以下两个方面进行。

（1）扩充校园足球师资数量

校园足球活动的开展与大量拥有足球专业特长的体育教师的参与有着不可分割的密切联系。从现阶段可以看出,学校的足球师资数量还没有达到校园足球活动开展所需要的教师数量的要求,这是校园足球发展过程中一个最突出也是最迫切需要解决的问题。鉴于这一严峻的问题,应该增加足球师资数量,使校园足球运动能够顺利开展。因此需要对教师聘用机制进行进一步的改革,促进足球师资队伍补充机制的不断完善,以此来增加校园足球师资数量,保证校园足球的持续发展。目前最为可行的且运用较为广泛的扩充足球师资的途径主要有以下两种。

第一,通过制定"足球师资特设岗位计划"对优先选择并录用足球专项人才,使之到学校任教。

第二,对教育部门与体育部门中现有的闲置专业资源进行整合,如体育系统闲置的足球教练、退役运动员及俱乐部明星球员等专业资源,发挥这些资源的作用,采用多元形式（兼职、引进等）使足球师资数量不足的现状得以改善。

（2）优化校园足球师资质量

目前我国学校足球教师数量本就稀缺,鉴于此,对于已有的教师就要进一步提升质量,即需要对足球师资队伍的数量结构、年龄结构、学历结构、职称结构等不断进行优化。优化的目的自然是不断提高足球师资的专业水平,确保他们的教学始终是符合足球运动和教育发展趋势的。为此,应做好如下工作。

① 推行足球教师资格制度

通过推进足球教师资格制度,可以促进足球教师队伍整体素质水平的提高。具体来说,就是要让足球定点学校中的足球教师或教练员参加资格考试,按照分层分级管理原则,将相应的等级资格证书颁发给考核合格的教师。足球教师可以凭借资格证书担任足球教学或教练的工作。学校在对教师进行职称评定时也可以将此作为指标,这样能够有效地激发足球教师或教练员的工作积极性。

②重视足球教师的继续教育培训

对足球教师开展继续教育和相关培训的目的在于促进足球教师执教能力的提高,促使他们继续学习,关注现代足球运动的发展趋势,不断更新和掌握足球运动知识与技能。

具体来说,就是要加大对已经获得相应资格证书的足球教师的继续培训的力度,尽管教师在先前已经取得了执教资质和对应等级,但这并不代表此后就"高枕无忧",而是还需要参加每年定期举行的相应级别的强化培训,以此实现优化足球师资质量的目的。

③ 重视并加强足球教师的交流学习

"请进来"是促进足球师资优化的重要手段,请进来的同时也要学会抓住机会"走出去"。这里所说的"请进来"指的是定期将国内外足球专家、知名人士等邀请到定点学校中,通过开展交流研讨会和专题讲座等,增加定点学校足球师资交流学习的机会,促进师资优化。"走出去"指的选拔优秀的足球教师或教练员,将选拔出的教师或教练员输送到国外足球发达国家,使其学习国外先进的知识或有效的经验,并带回我国加以合理的借鉴。

(二)校园足球精神文化建设的对策

在校园足球文化的建设中,精神文化发挥着重要的指引作用,而且这一作用是不可替代的。学生对校园足球活动的期望主要由精神文化来承载,同时,校园足球精神文化也在一定程度上将学校及学校所在城市对校园足球发展目标的终极追求反映了出来。校园足球文化持续健康发展离不开精神文化提供的内在动力,校园足球文化所形成的品牌价值,其本质体现在校园足球文化中的精神文化内涵之中。足球运动有着非常悠久的发展历史,其广泛开展于我国各大城市和各级学校,校园足球文化的建设受到校园足球参与主体(个体与群体)的意识观念和开展足球活动的社会环境的深远影响。鉴于此,要想搞好校园足球工作,更好地建设校园足球文化体系,就需要通过足球沙龙、足球知识讲座等多种形式,来使精神文化所具有的指引作用得到强化与发挥。

(三)校园足球规范文化建设的对策

校园足球规范文化是规范的行为和运行模式的共同体。开展校园足球运动必须要有相应的规范,这是相关活动得以正常开展的保障,由此可见加强校园足球规范文化保障建设的重要性,加强规范文化建设的重点就在于规范层面上的建设。我国校园足球文化的建设,重点是对校园足球文化所具有的教育功能进行建设,既要通过教师的教使学生学习与足球相关的科学理论知识与锻炼手段;同时,也要通过足球运动来使文化本身所具有的育人功能得以实现。如果校园足球文化建设中忽视了对规范文化的建设,这就会使足球所具有的育人功能得不到发挥。因此,校园足球规范文化的建设是我国校园足球文化建设的关键。通过完善校园足球规划文化,来实现教育与足球文化两者的结合已成为我国校园足球文化发展的重要特征,这与我国体育的健康发展以及我国现代教育的发展方向也是相符合的。由此可见,建设校园足球规划文化是形势所需,非常必要。

建设校园足球规范文化对于我国足球事业的发展和学生的全面发展具有积极影响。目前来看,建设校园足球文化最需要加以重视的就是人文精神教育、道德教育以及足球技能教育。当学生在接受了足球教育后,再通过定性和定量相结合的评价方法对学生的足球文化素养掌握情况进行评价,无疑有利于相对精准地确定学生所具备的足球文化素养,而从学生提高的角度上来说,这也是具有促进作用的。为了实现校园足球规范与制度文化的继承式发展与蜕变式发展,需要由规范约束发展转变为行为自觉发展。这一转变是判断我国校园文化是否向文明的方向发展的一个重要标准。总之,我们要以校园足球文化的发展现状与发展需要为依据来不断建设与完善足球规范文化。

建设校园足球规范文化的具体途径主要有两个方面,一个是建立校园足球管理体制,一个是建立校园足球"特区",具体如下。

1. 建立校园足球管理体制

建立一个校园足球管理体制对校园足球活动的顺利开展具有深远的影响,也是足球运动在学校开展的所必须的基本保障之一。此外,在这一管理体制建立之后,还要不断对其进行完善和创新,以为校园足球提供更加切实有效的帮助。建立校园足球管理体制需要凸显教育行政部门的管理主体地位,建立与现阶段足球发展实际相符的组织管理体系,这一体系应以政府为主导,体育部门与教育部门相互协调配合进行具体的组织与管理工作,其中教育部门承担主要工作,三者共同建立起一个"政府主导、教体共管,以教为主"的组织管理体系。

构建校园足球活动管理模式的原因主要从以下几方面得到体现。

第一,学生的主要学习场所就是学校,管理学中有责任、权力、利益相统一的原则,依据这一原则,教育部门理应是学校的主要管理者,而学校中的足球活动也应该由教育部门主管。那么,教育部门自然就成为校园足球活动中大部分工作的承担者。教育部门要通过科学的制度设计,使有关各方都能重视校园足球活动,并通过一些有效的制度引导和鼓励学生来到球场,积极参与到丰富的运动中。

第二,校园足球运动的发展离不开对教育部门与体育部门的优势资源的整合,体育部门的资源优势主要体现在资金、技术等方面,所以校园足球活动的开展需要体育部门的大力支持和全力配合。体育部门与教育部门有各自的职责与分工,教育部门主要负责搭建平台,组织与开展校园足球活动,制定相关政策和实施措施,采取有效的组织形式促进校园足球活动的顺利开展;体育部门需要将一定的配套设施提供给学校,并以此为基础,将自身在资金与技术方面的优势发挥出来,配合教育部门做好校园足球联赛的开展工作,在师资的培训中要加强专业指导,在师资不足的情况下要做好人力支援,并对有天赋的足球后备人才进行挖掘。

第三,足球运动进校园在目前来看已经不只是某个部门或某两个部门协作可以完成的工作了。作为一项巨大的系统性工程,校园足球运动的发展甚至还会涉及发展改革部门、财政部门、宣传部门等,需要他们也充分发挥各自的资源优势给予支持。为了能够切实整合更多的资源投入到校园足球运动中,就需要有一个更高层级的部门来做协调整合工作,也就是说,校园足球需要国家级别的政策支持、资源支持和管理支持。

总而言之,在校园足球组织管理系统内部需要将各种关系协调妥善,将管理系统的控制和整合作用充分发挥出来,促进整个体制的正常运转。

2. 建立校园足球"特区"

从目前的形势来看,我国竞技体育有着较高的发展水平,但足球运动的发展一直难以取得良好的成绩与突破,二者形成极大的落差。我国足球发展现状与我国的综合国力明显不符。我国足球运动难以快速发展的一个主要制约因素就是缺乏足球后备人才。为了解决这一制约性的问题,国家体育总局已经采取了一些特殊的政策,如对全运会足球赛制进行改革,在全运会中增设青少年组足球比赛,增加金牌和奖牌的权重,这些政策在其他体育运动项目中很少见。在政府的大力号召下,全国各省、区、市开始逐步重视对青少年足球人才的培养,一些省市重新组建青少年足球队。

校园足球是落实青少年足球工作的重要形式。需要注意的是,足球运动的规律决定了青少年足球工作是一项长期的工作,其需要至少十余年才能见到实效。为此,对校园足球运动的开展要立足长远,不追求短期效应,给予不间断的投入,形成可持续的发展态势。由此可以看出,校园足球运动的开展工作并非易事,但艰苦的工作最终定能换来我国足球运动水平的提高。要想提高学校对校园足球运动的重视程度,建立校园足球"特区"就是一项具有可操作性及较为有效的措施。

在体育运动的发展中,将校园足球作为特定区域,给予其相关的扶持与有利政策,使之能够对学校、家长、学生构成强大的吸引,使其积极参与其中,促进校园足球的发展目标的顺利实现,是建设校园足球"特区"的核心所在。政府制定的相关政策不仅要对校园足球的发展有利,而且要注意政策的特殊性。这里的特殊性主要从两个方面体现出来:一方面指的是对足球的扶持政策具有针对性,即专门针对校园足球,只有校园足球才能享有这些政策,其他体育项目不能享受;另一方面指的是政府出台的政策要创新,要突破,仅仅在现有政策的基础上进行补充与完善是不够的。

从目前我国校园足球发展的现状中的确不难发现其中存在的问题,甚至有些问题直接影响校园足球的发展,是致命的。例如,学校普遍对相关活动的重视不够;家长不认可、不理解、不支持学生参加足球活动;支持校园足球活动的经费有限;各种足球体育资源不足;师资力量薄弱等。面对困难不应该选择退缩和逃避,而是应该迎难而上,想方设法对出现的问题找寻解决之道,如此才能扭转不良的发展局面,才能使这些问题得到解决,才能改善校园足球的发展现状。

总的来说,校园足球"特区"的建立需要教育部门通过政策的形式大力支持,并与体育部门共同协调施政,通过出台文件正式规定相关扶持或特殊政策。与此同时,制度建设工作也要不断加强,细化各项政策,促进政策有效性与执行力的提高,从而有效调动起利益主体(学校、教师、家长、学生等)的参与积极性。

(四)校园足球行为文化建设的对策

需要强调的是,在我国校园足球文化建设过程中,一定要高度重视校园足球行为文化建设的强化,要将"以人为本"即以学生为本的思想确定下来,并以此为基础,重视人文教育在校园足球文化中的重要性,将校园足球所具有的健身功能和教育功能凸显出来。在我国校园足球文化发展过程中,育人健身是教育、文化和健身三者共同发展的必然和有效归一。在校园足球文化活动中,学生是参与主体,是校园足球活动开展的出发点,也是最终归宿,因此要在校园足球文化的建设过程中始终贯彻学生、教育以及社会统一发展的原则。

从现如今我国校园足球文化的发展进程来看,对于未来的发展,很有必要以人文教育和项目教育有机结合的新模式来推广校园足球运动,使校园足球运动更加富有活力以及更加符合学生的需要。

第七章 校园足球科学发展之人才培养

校园足球的科学发展需要众多高质量的人才做支撑,这些人才不仅仅指足球运动员,还包括裁判员和校园足球指导员。本章对校园足球科学发展的人才培养进行研究,主要涉及校园足球后备人才的培养、校园足球裁判员的培养以及校园足球指导员的培养。

第一节 校园足球后备人才的培养

一、足球运动人才需具备的素质

(一)足球运动人才需具备的竞技能力

1.竞技能力及构成

(1)竞技能力的概念

严格来说,竞技能力是由我国的训练理论界创造的一个词语。它是由运动能力、训练水平和运动成绩三个词语演化而来的。运动能力指人们进行体育活动的能力。它包含着竞技能力,涵盖的范围比竞技能力要广;训练水平指运动员经过训练而达到的竞技能力水平,是对运动员的竞技能力经过训练的发展程度的反映,但用来表达运动员的训练状态则不如竞技能力具体、明确;运动成绩是指运动员在比赛中获得的结果。它既能表明运动员在比赛中所获得的名次,也能在一定程度上将比赛中运动员的竞技水平表现出来,但与竞技能力的含义仍有一定的差别。足球运动员的竞技运动,具体是指足球运动员个体在以身体练习为主要形式的运动场上所体现的综合素养。

(2)竞技能力的构成

①体能

基础体能:体能是运动者从事足球运动的基础,也是其对技战术进行学习和掌握,进而在比赛中获胜的重要基础。当前,随着足球运动员的水平差异越来越小,技战术差异也逐渐缩小,足球比赛实际上成为足球运动员之间的体能较量。没有良好的体能,任何技术和战术的实施都将成为空谈。持续的参赛,可导致足球运动员会因体能储备不足而导致比赛失利,是因为这使得他们的体能发生了一定的变异。因此,足球运动员必须具备良好的体能。

专项体能:不同的运动项目对运动员的体能具有一些特殊的要求。如足球运动要求运动员必须具备良好的爆发力,并要求足球运动员能在快速的奔跑过程中能灵敏地越过对方的防守。对此足球运动员应加强相应专项体能的训练,以便在激烈的足球运动比赛中,准确、快速地实施足球运动技战术。

②运动技能

足球运动的运动技能包括足球技术和足球战术两大部分,这两大部分是足球运动员必须具备的竞技能力,其对足球运动员的运动水平具有非常重要的要求。

技术能力:要想在足球比赛中获胜或取得好的成绩,具备娴熟而扎实的个人技术是非常重要的,同时技术动作要与人体生物学原理相符合,并在对自己的身体进行全面、深入分析的基础上研究出自身风格。

战术能力:足球运动员的战术能力是指足球运动员在判断并分析对手技术弱势和技术优势的基础上,制定一定的策略遏制对手的技术优势、击破对方战术实施。

③心理能力

心理能力是足球运动员比赛中心理素质的综合表现,对足球运动员的技战术实施具有重要的影响作用。现代足球运动竞争激烈,足球运动员在比赛中需要斗智斗勇,优秀的足球运动员和足球明星往往具备良好的心理能力。就足球运动而言,足球运动员的心理能力具体包括精确的运动知觉、优秀的意志品质、情绪、思维、注意力以及心理相容性和内聚力。

④运动智能

一般智能:运动员的一般智能包含智力潜能和智力能力两个方面。二者之间存在着既相互对立又紧密联系的关系。智力潜能是保证人有效地进行认识活动的稳定心理特征的结合,包括观察力、想象力、记忆力、思维力和注意力这五种基本潜能。智力能力是保证人成功地进行某种实践活动的相对稳定的心理特点的结合,其主要包括计划能力、组织能力、操作能力、创造能力和适应能力等。对于足球运动员来讲,具有中等程度的智力发展水平,这是成为高水平运动员的一个必要条件。但是,需要特别指出的是,成为高水平运动员不一定非要具备高水平的智力。

特殊智能:竞技运动所需的特殊智能主要是由一般智能中某些因素和特殊能力的某些因素的有机结合,以及运动活动的实际操作能力、适应能力和创造能力与足球运动员的观察力、记忆力、注意力、想象力和思维力的有机结合形成的。

2. 足球运动对后备人才竞技能力要求

(1) 全面均衡发展

足球后备人才的竞技能力是一个多要素、多序列、多层次的动态综合体。青少年足球运动员的竞技能力分为隐性因素(内隐因素)和显性因素(外显因素)两个层次。足球运动竞技能力的隐性因素,也称内隐因素,它包括运动员的体能、智能、意志、心理和团队精神等多方面的因素。性格、家庭背景、训练比赛环境、文化知识以及比赛经验等都会对运动员的智能、意志、心理以及团队精神的获得具有一定的影响。训练这些因素相对来说是不容易的,而且需要较长的时间训练,才能在竞技能力上有所表现。足球运动竞技能力的显性因素主要是技战术,主要包括进攻与防守两个方面。

在现代足球比赛中,足球运动员竞技能力的发挥受多种因素的影响,足球运动员若想在现代足球比赛中最大限度地完成时空优势的创造与利用,轻松获取更高的竞技效益,就要注重均衡全面发展自身的足球竞技能力。

需要特别提出的是,足球后备人才的全面发展还需要其他一些支撑因素。例如,医疗卫生、饮食营养、社会环境、训练与比赛条件、恢复方法、社会舆论、资金保障、价值观以及球队氛围等,只有上述这些方面得到统一协调发展,才能从根本上促进足球后备人才竞技能力的全面、均衡发展。

(2) 统一发展

足球运动竞技能力的内隐因素与外显因素是竞技能力的两个方面,同时也是一个统一的整体。内隐因素与外显因素的主要划分依据是运动员的运动表现形式。

具体来说,要想在比赛中将高水平的竞技能力稳定地表现出来,就要加强对学生体能、意志、心理、团队协作能力等各方面隐性因素的训练。一方面,要依据足球比赛中技战术应用来训练足球运动员的隐性因素。也就是说,训练隐性因素时,如果与足球比赛的技战术实际相脱离,训练就没有实际意义了。另一方面,要重视运动员比赛意识和比赛能力的提高,通过向学生讲授比赛知识,培养其球场意识,不断提高其认识比赛攻守规律的能力,使队员全面发展自身的观察能力、思维能力和解决问题的能力,以全面提高比赛实战能力。

（3）突出发展

足球运动后备人才全面发展自身的各种竞技能力的同时,若想要获得更高水平的技战术能力,就要建立局部竞技能力中的专属风格,并要不断发展这一局部能力,使之形成自己的特长能力,足球比赛中,足球运动员的特长能力极大地影响着比赛的胜负。

在比赛的关键时刻,这些著名足球运动员的特长竞技能力对比赛的胜负具有极大的决定作用。许多著名的足球运动员都有自己擅长的竞技能力。例如,带球突破是巴西著名足球运动员罗纳尔多的特长能力;长传球是荷兰著名足球运动员科曼的特长能力;渗透传球是阿根廷著名足球运动员马拉多纳的特长能力;任意球是法国著名足球运动员普拉蒂尼的特长能力。

综上所述,在校园足球运动后备人才的培养过程中,教练要遵循因材施教的训练原则,对学生的不同特长进行深入分析与了解,帮助学生充分发挥其主观能动性,重视学生足球特长竞技能力的培养。

（二）足球运动人才需具备的身体素质

1. 力量素质

足球运动要求运动员在完成动作时准确、突然、有效,如远射、突停突起、突然变向等。需要运动员在极短的时间内完成。因此,足球运动员的专项力量素质的特点之一是提高爆发力和快速力量。

2. 速度素质

足球运动要求运动员在快速奔跑中要随时完成各种动作,加之心理负担较重,因而动作节奏性较弱、应变性较强。完成动作时身体重心较低,肌肉常处于紧张状态。此外,在足球比赛中,运动员全速跑占全部跑动的25%,在25%的全速跑过程中,60%的持续时间在4秒以下。因此,足球专项速度素质训练要加强瞬间提速和快速制动的能力训练,以满足足球比赛实战需要。

3. 耐力素质

足球运动员在足球场上所表现的中小强度奔跑及相应的肌肉活动归

为有氧耐力,大强度连续反复快跑及伴随的肌肉活动为无氧耐力。耐力素质训练与有氧训练有着较多的关联,有氧训练是耐力训练的基础。因此在进行足球耐力素质的训练时要加强训练和提高运动员的有氧能力,两种训练相互促进,紧密结合。

4.柔韧素质

足球运动对运动员的柔韧素质要求相对不高,但是良好的柔韧素质能有效避免足球运动员在足球运动比赛中的损伤,同时,良好的柔韧素质对于足球运动员技术能力的提高具有重要的促进作用,便于足球运动员科学完成各种足球技术动作。总体来说,足球专项柔韧素质涉及足球运动员机体的各个方面,应加强综合性训练。

5.灵敏素质

足球运动员良好的灵敏素质主要表现在两个方面,一方面表现在可快速灵活地改变自己的身体状态,完成技术动作并保护自己不受伤害。另一方面表现在即使是在非正常的状态下或者是破坏身体平衡的状态下也能完成复杂的足球技战术动作,并始终保持人与球紧密相随。

二、校园足球后备人才培养的现状

(一)校园足球后备人才培养的特征

校园足球后备人才培养的重要特征之一就是足球与教育紧密结合,这也是足球运动迅速发展的重要原因。在足球发达国家,都非常重视校园足球运动的开展,如在英国开展足球运动的 32 000 所中小学校,为了提高足球教学的质量,推动学校足球运动的发展,英格兰足总还实行资格认证制度,不少足球俱乐部和学校都得到了足球协会的认证。在德国也是如此,其足球管理部门与教育和文化部门经常进行合作,在中小学实施一系列足球人才培养计划,并在俱乐部与学校足球之间实现有效的互动,共同促进本国足球运动的发展。

与其他培养方式相比,学校在培养青少年足球人才方面具有无可比拟的优势。这种优势主要体现在以下几个方面。

(1)学校可以加大对足球的投资力度,并建立完善的训练制度和竞赛体制,这能在很大程度上吸引更多的学生参与其中。这样既可以增加选才的范围,又培养了众多的足球爱好者,为足球运动的发展奠定坚实的基础。

（2）青少年学生正处于身心全面发展的时期，通过校园足球教育，能有效地促进青少年足球运动员德、智、体的全面发展。

（3）通过学校选拔出的足球运动员不仅具有良好的足球技术，同时文化素质和修养也较高。他们能更加透彻地领悟足球运动的真谛，在训练和比赛中能更好地执行和贯彻教练的意图，这能从根本上促进我国足球运动事业的可持续发展。

（二）我国校园足球后备人才培养中的问题

目前，我国青少年足球后备人才培养的主要途径为职业俱乐部后备梯队和足球学校。虽然近年来随着职业化足球的发展，中国足球运动也正走在日益规范化的道路上，但总体来看，还存在着诸多问题。

学校足球是指由政府投资，或少数改革开放之后由社会力量兴办的，隶属各级教育行政管理部门的"九年义务制"中小学和高中学历教育的高级中学中开展的青少年学生足球运动。学校足球在国外足球发达国家非常受重视，是选拔足球人才的一个重要途径。学校足球模式对我国足球运动的开展也起到了非常重要的作用，在学校足球模式中，贯彻素质教育思想和全面发展的方针，以学习为主，坚持业余训练的原则，有些已将足球纳入到校本课程体系之中，把开展足球活动作为学校体育工作计划和共青团、少先队体育活动的一项内容；组建了班级、年级或校级运动队；开展了多种形式的班级、年级或校级间的足球竞赛，为在中小学普及足球运动，扩大青少年足球规模，起到了积极的推动作用。校园足球不仅能够使得足球运动得到普及，还能够使得学生的足球运动技能得到一定的提高，是普及与提高并重的培养模式。通过开展校园足球，将会对我国青少年足球的训练与培养体系产生积极的影响。

早在 2009 年，体育总局和教育部就联合下发了《关于开展全国青少年校园足球活动的通知》（以下简称《通知》）。这一文件下发之后，各教育行政部门根据要求，与体育部门进行密切配合，对青少年校园足球工作进行安排和部署。其后，体育总局和教育部在北京召开了关于青少年校园足球活动工作的会议，从而使得青少年校园足球活动正式开展起来。全国青少年校园足球活动也改变了职业化以来青少年培训追求成绩和效益的指向。

开展校园足球，不仅能够增强学生的体质健康，还能够丰富学校体育教学活动的内容，对于学生体育特长的发展也有很大的促进作用。开展校园足球活动使得学生能够在学习之余，积极参加体育健身锻炼，其强身健体作用较为明显。在开展校园体育活动中，能够为学生制定较为科学的足球训练和学习计划,从而能够使其足球技能得到较快的发展,特别是有足球特长的学生将更能够从中受益。

目前,总体来看,大部分开展学校足球的中小学,都是原"三级"青少年培训体制中市、县二级体校的布点学校或足球传统项目学校。这些学校为国家和当地、培养和输送了一大批足球人才。但是,由于校园足球在我国开展时间尚短,因此其仍处于不断发展和探索的阶段,需要各方面的积极努力。

我国青少年足球后备人才培养中存在着以下几个问题。

1. 缺乏理论指导

目前,我国足球后备人才培养的普及面小、成才率较低、质量不高,造成这种局面的原因有很多,其中,缺乏科学有效的理论指导是根本原因之一。

正是因为没有一个科学的理论做指导,当前我国在青少年后备人才培养中还没有形成统一的思想及认识,发展方向不明确,判断、驾驭形势变化能力不强;工作思路混乱,急功近利,缺乏科学系统的中长期发展规划;组织落实结构无序,难以到位。这严重制约着我国足球运动水平的提高与发展。

针对我国校园足球后备人才培养缺乏理论指导的问题,应该加大对我国校园足球后备人才培养的理论研究,依据中国足球运动发展的需求,将青少年全面发展的教育规律、青少年足球运动员成长的规律和市场经济的规律有机地结合起来,探索出一条适合我国足球运动发展的特色道路。

2. 训练理念落后

改革开放以来,我国也尝试过一系列的足球改革,借鉴和参考世界足球发达国家的培养和训练模式,如学过德国风格、巴西风格、英格兰风格、荷兰风格等,但这些都仅仅停留在国字号球队、职业俱乐部等层面,并且也没有结合自己的具体实际与特点,形成具有中国特色的足球运动训练理念。加上教练员的执教水平偏低,缺乏系统的基础理论学习与专业培训,培养与训练理念落后,使得我国足球后备人才没有获得一个良好的发展环境,最终导致足球后备人才的成才率不高,质量不高。

2015年,我国加速推动中国足球运动改革,国足建设、青训体系被纳入《中国足球改革总体方案》,吸收国内外先进训练理念,从根本上改变我国只重视体能训练甚至生搬硬套田径体能训练的方法,促进青少年足球运动训练的科学化被提上新的足球运动发展日程。

3. 缺乏"多元化"培养体系

早在 20 世纪 90 年代,我国掀起了一场足球职业化改革,改革进行得轰轰烈烈,然而在改革的一开始忽视了继承、改造原有的"举国体制"后备人才培养体系的问题,简单地把青少年后备人才培养的任务交给了市场和社会,导致政府失去了应有的主导地位。导致我国原先的足球后备人才培养体系消退殆尽,失去了青少年后备人才培养最为重要的主渠道,没有认清足球市场发展的趋势;放弃了给予学校足球足够的关注与必要的扶持,导致我国足球运动的发展举步维艰。

当前,国外足球发达国家已建立和形成了一个非常完备的足球后备人才培养体系,其足球人才培养模式也非常先进,而与世界足球发达国家相比,我国青少年足球还没有形成一个完善的体系,没有一个完整的训练大纲,训练缺乏理论性,球员的文化素质过低,足球学校内重体轻教,学校足球重教轻体,学训矛盾日益激烈,我国在青少年后备力量方面重视程度不够。这是我国足球后备人才培养体系建设的主要的和突出的问题。

三、校园足球后备人才培养的要求

(一)制定明确实际的培养目标

在制定足球培养计划之前,首先要针对学生的具体实际制定一个既不过高也不过低的培养目标,使学生通过自己的努力能够实现。同时,学生在生理和心理上也存在着较大的差异,这就要求教练员要为学生设计出适合的、个性化的训练体系,并注意不同年龄阶段学生运动训练的内容和要求,在安排内容和训练目标上要有针对性。足球教师和教练员在教学过程中,要采用多种方法,结合学生自身的特点进行训练,一方面充分调动学生的积极性,另一方面更有助于实现训练目标。

(二)培养学生对足球的兴趣

在足球训练中,学生能否体会到踢球的乐趣是非常重要的,影响着他们的成长和成功。因此,在进行相应的足球运动与训练过程中,必须让学生体验到足球运动的乐趣。通过相应的运动和训练,让学生们认识到足球是一种快乐的游戏,激发其进行训练的兴趣,为他们从事足球事业奠定坚实的基础。让学生在足球训练中体现到快乐,这就要求在运动和训练过程中,不向学生施加过大的压力,按照学生的身心发展特点和发育规律进行运动训练的设计和安排。总之,足球运动是一项游戏,在足球训练中要让学生享受到足球带来的乐趣,让其对足球运动有正确认识并逐渐喜欢上足球,并为之不懈奋斗,激发参与足球训练和运动的动力。

在开展校园足球活动时,教师和教练员应努力为学生创造一个良好的运动训练的氛围,以提高运动员训练的积极性。在足球训练的早期阶段,教练员应该明白不要过早地固定其场上的位置。这一阶段的训练应该是了解和熟悉场上所有的位置。在实际训练中,教练员在设计训练项目时要特别用心,要将学生的各种因素考虑在内。

对青少年学生能力的培养,不要过分追求最终的比赛成绩和结果,而是重点观察其球场上的实际表现。教练员应该对学生的训练给予积极、鼓励的态度,为他们创造一个轻松的足球训练氛围,这样对其技战术水平的提高和综合素质的发展具有重要的意义。

(三)教学与训练中注重教育导向

足球训练中不仅要培养足球竞技能力,还要进行人文教育,实现做人与运动训练的统一,对足球运动员进行系统的教育。足球训练中的教育导向是指在运动训练时,对球员的文化和素质教育有所重视和强调,以实现训练与教育的相互结合、协调和促进,最终实现训练和教育的融合,促进竞技运动的发展和提高。教育性训练理念是一种指导思想,对训练中的球员及其行为起着规范作用。对足球训练的教育功能进行正确认识需要注意下面几点:

1. 公平

在足球训练中要体现公平性原则,尽管每个球员的天赋不同,在运动水平和个性特点方面也存在差异,但教练员要做到对每个孩子平等对待,给他们相同的机会,形成良性竞争的氛围。

2. 行为规范

在足球训练中要注重对青少年学生进行行为规范的教育,要求其严格遵守行为规范。具体内容有:讲文明、讲礼貌、讲团结、讲奉献、谦虚待人、尊重师长、敬老爱幼;仪表整洁,文明着装,言谈举止不污秽;遵纪守法,遵守生活纪律、训练和比赛纪律以及其他各项有关法规和规定;勤学苦练、发奋图强,树立雄心壮志,全身心地提高比赛技能和专业理论知识;培养自身职业素质,树立坚定的事业心,有强烈的祖国荣誉感和责任感;树立公正竞赛、团结拼搏的职业道德;正确认识个人与集体、待遇与奉献之间的关系；良好的卫生习惯，时刻注意保持环境、宿舍、个人和饮食卫生；严禁吸烟、喝酒，摒弃一切不利于本职工作的个人嗜好。

（四）教师主导性与学生的能动性相结合

现代体育教学已不同于以往，现代体育教学已经摒弃了以往的简单灌输式教学方法，而更倾向于师生双边互动的教学活动。在足球教学中，教师应根据学生适龄的身心特点，正确处理好师生关系，充分发挥两个教学主体的主观能动性，积极地进行教与学的活动。教学应以体育教师为主导，充分调动学生参与的热情和练习的兴趣。要想做到这点，就需要做到以下几点。

（1）树立正确的教学观。在足球教学中，正确处理师生关系，发挥教师和学生双方的积极性，克服"教师中心论""学生中心论"的片面教学思想和观念。

（2）以教师为主导。在教学实践中，教师应及时提高自身的教学水平和专业素质，做到学识渊博，技术全面，为人师表，平等待人。同时，教师应不断提高足球教学的艺术性和启发性，培养学生良好的学习动机和兴趣。

（3）充分调动学生的能动作用。主观能动性是提高学生效率的有效动力，教师在教学中应充分调动学生的主观能动性，指导学生明确学习目标，开动脑筋积极主动地学习，并在实践中大胆地实践。

（五）渐进性、系统性和规律性

对于新鲜事物的学习一般都会本着循序渐进的原则进行。技战术较为复杂的足球运动的教学就更应如此，足球运动的教学实质上也是一个渐进的、系统的过程。这个过程一方面体现在教师在足球教学中应按照科学训练的规律，使教学内容由易到难，足球练习方法和组织形式由简到繁，足球运动负荷由小到大地发展；另一方面，足球教学中的各种技战术应是环环相扣、紧密衔接的，它是由规律的不同周期组成，一个周期又可以分为不同阶段，各周期和阶段的教学和训练任务不同，教师在教学和训练中应注意各周期各阶段内容的互相关联和承接。

（1）教学内容由易到难。以学习足球传球技术为例，可先从脚弓传球开始，并从传地滚球开始，在此基础上再学习其他部位的传球技术，进而进行长传球与过顶球技术的教学。

（2）练习手段和组织方式由简到繁。在足球技战术练习中，可先让学生从模仿练习开始,而后独立实践,再到局部对抗,最后进行整体训练。

（3）对抗程度由弱到强。足球的技术练习必须由无对抗到有对抗,由弱对抗到强对抗,最后进行实战接受检验。

（4）运动负荷由小到大。运动负荷的安排应当波浪式地逐渐加大,在组织训练时,教师要注意处理好负荷与恢复的关系。

（5）教学与训练要有系统性。足球教学与训练是由不同周期、不同阶段、不同任务组成的过程,系统的教学与训练能积极、有效、科学地提高学生的技战术水平。

规律是客观存在的,世界上万事万物都有规律,足球教学与训练中要严格遵守客观规律,尤其是足球运动技战术的发展规律。随着时代的发展和社会的进步,现代足球运动有了新的发展,体现出了一定的特征,现代足球的教学与训练要以现代足球的特征为依据,并着眼于足球的未来发展,对教学与训练进行科学的规划,使其与现实需求相适应,与世界足球的发展趋势同步。

现代足球对球员的要求越来越高,对基本配合、交流和沟通的要求也大大提高,因此,对于足球运动员来说,不仅要具备专门的足球技巧,更要具备全面的运动能力。因此,在开展校园足球时,教练员和教师应培养学生牢固的基础和与众不同的思维能力,鼓励其严格按照标准进行运动训练,并根据技战术的不断发展提出的要求,不断丰富足球教学训练的内容。

（六）增强身体素质与全面发展相结合

足球的教学应在增强每个学生体质的基础上,使所有学生的身体素质、心理素质、智力水平、美育能力等各方面都得到发展。因此,校园足球教学应做到以下几点。

1. 树立现代足球教学价值观

现代体育教学的价值观对高校体育教学提出了新的要求,足球教学不仅要具有改变学生生物学特征的生物学价值,还要具有对学生进行心理学、教育学、社会学以及美学教育的价值。这些价值观是衡量足球教学质量的重要标准。

2. 作好高校足球教学工作计划

教师在制定校园足球教学计划和编写教案时,既要突出足球的专项特点,也要保证教学活动对学生身体的全面训练性,更要结合足球教学促进学生身心的全面发展。

3. 做到教学内容和方法多样化

在校园足球教学的准备阶段、实施阶段、复习阶段以及评价阶段中，要结合学生的身心特点和个性特征，采用丰富的教学内容，运用多样化的教学方法和手段，促进学生的全面发展。

（七）综合性与实战性相结合

校园足球的综合性，是指在足球教学训练中把技术、战术、体能、心理和智力等各方面有机地结合起来，进行综合性训练，并力求教学训练更贴合实战情景。为了使得学生在足球运动临场比赛时能够良好、顺畅地应用技战术，就需要根据比赛的客观规律与要求制定日常教学内容和教学方法，如足球运动是一项经常存在身体接触和高强度对抗的激烈运动项目，这就需要在日常的教学训练中加入对抗的因素和模拟实战的条件，从而提高练习的实战性。

1. 技术与技术合理搭配

在开展校园足球运动时，教师和教练员应根据比赛的需要，将不同的足球技术合理地串联和搭配起来组织学生进行练习，并根据学生的水平高低决定技术搭配的多少和难易程度。

2. 技战术与身体素质结合

身体素质是足球技战术运用和发挥的基础。因此，在开展校园足球时，教师和教练员应科学安排练习的组数、时间、密度、强度和运动量，从而使学生的身体素质与技战术都得到提高。

3. 技战术与意识的结合

意识是足球技战术的灵魂和生命。在足球教学中，教师应根据足球比赛的客观规律来设计和组织练习，加强对学生正确足球意识的培养，使学生提高运用技战术的能力。

4. 技战术与对抗能力的结合

对抗能力是足球技战术运用的根本保证。因此，在足球教学中，教师应根据学生技战术掌握的熟练程度加入适宜的对抗性因素。

5. 在模拟实战中练习技战术

根据循序渐进的教学原则,起初学生接触的足球教学是在没有身体接触和对抗的基础上完成的。而实际上足球运动却并不是这样,激烈的身体对抗性是足球运动的本质特点。因此,在学生基本掌握相关运动技术后,教师和教练员就应该适当加入一些身体对抗性练习,或是安排在模拟实战的气氛和状况下的练习,使训练能更好地为比赛服务,提高学生的积极性。

(八)提高教练员的专业水平

要提高青少年足球运动员的训练水平,首先要提高教练员的专业水平建立一个教练员培训部门,使教练员得到系统、正规的培训,并对教练员的专业水平进行考核,只有达到合格标准的教练员才能保证足球训练工作的质量。教练员要充分利用培训的机会,掌握足球训练的技术动作教学与示范方法,进一步提高自身的专业水平和教学能力。

同时,教练员还要注意提高自己的观察能力和思考能力,从而逐步提升自己的执教能力。教练员要选择适合学生身心发展特点的练习活动,在训练过程中,要密切关注学生们对这项练习接受程度和反馈信息。从而进行思考分析,真正地发现足球训练中存在的问题,并能尽量去改善练习,以达到更好的训练效果。另外,教练员还要结合运动员的具体实际,设计出一套有效的训练方案,提高学生的足球技术水平。

(九)转变校园足球后备人才培养理念

理念是人们在长期的实践,并进行理性思考的基础上形成的思想观念、精神向往、理想追求和哲学观点的抽象概括。理念是对事物发展指向性的理性认识,对人们的实践活动具有重要的指导作用。所谓人才培养理念,就是人们在人才培养过程中形成的对如何促进人才培养和发展的指向性的理性认识。人才培养理念能够为人才培养指明方向,其实现的过程也是人们进行实践的过程。

新中国成立之后,我国体育与教育事业逐渐分离,这是注重竞技体育以及急功近利的重要表现。体育与教育的分离造成了运动员文化素质较低,这给其退役之后的社会生活带来很多问题。之后,体教结合的思想应运而生,尤其是随着改革开放的进行,我国的经济社会取得了较大的发展和进步,这一思想得到了迅速的传播。

体教结合能够解决后备人才运动训练与文化学习之间的矛盾关系，促进运动员的全面发展。在新的历史时期，实现训练与文化课的结合，竞技运动与健身、学校教育的结合，体育部门与教育管理部门的结合，对我国校园足球人才的培养具有重要的意义。

在计划经济时代，我国人才培养主要是为了使其成为专业的运动员，在人才培养过程中出现了多方面的问题。过去的足球人才培养只注重运动员的培养，而忽视了为竞技运动服务的科技人员的培养，导致我国人才培养观念长期落后。传统的培养方式以教练员为中心，并且注重纪律至上，在一定程度上扼杀了学生的创造性。总体而言，这是一种急功近利的现象。

要想真正地做到体育强国，就要使竞技体育与群众体育都能够获得全面的发展。足球运动被誉为世界第一运动，但是其在我国是一项相对较为弱势的运动项目，虽然有着较多的参与人群，但是竞技水平相对不高。为了促进足球运动的发展，我国逐渐对其进行了多方面的改革。

在科学发展观的指导下，我国的青少年足球培养理念发生了巨大的变化。现代足球后备人才的培养更加注重人文关怀，并且注重其协调和可持续发展。在培养过程中，球员成为学习者，成为更加适应社会需要的运动员。足球人才的培养过程中，其目标的确定更加依赖于足球自身发展的规律以及教育的规律和人体发育的规律等方面。

新时期，我国足球后备人才的培养更加注重人性化教育，以人的发展为最终目标，实现人的发展与足球运动的发展的协调统一。在人的发展的基础上，促进足球运动的发展，实现社会的发展和进步。在科学发展观的指导下，我国的足球后备人才培养理念的转变主要表现在以下几方面。

首先，在对足球的认识方面，将其作为一种教育的工具，群众更加广泛地参与其中。

其次，在人才培养理念方面，我国引入先进的培养理念，并得到了相应的国际足球组织的支持。

再次，在培养目标方面，我国更加注重球员社会责任感和终身技能的培养。在校园足球发展过程中更加注重学生的快乐学习，并培养其独立思考和解决问题的能力，发展其创造性。

最后，新的后备人才培养方式使得家长和学生受益，从而使得我国足球事业得到了持续的发展。新的培养理念更加注重足球运动的普及，促进对学生兴趣的培养。

四、国外校园足球后备人才培养经验总结

（一）德国学校足球人才培养模式

德国足球运动水平也相对较高，其足球后备人才的培养主要通过学校足球、青少年业余足球俱乐部以及德国足协负责下的精英培训中心来共同实现。

德国足球协会也尤为注重学校足球运动的开展，进入足球重点学校有一套专门的选拔标准。为了便于对其进行管理，2006年，德国成立了学校足球部，隶属于德国足球协会，负责足球运动的开展和普及。该部门的主要经费来源为商业赞助，足协也会下拨一部分。该部门积极鼓励学校进行足球活动，并定期下拨给参与的学校一定的经费和训练装备。德国的三万多所小学几乎都参与学校足球运动，学校足球部把培养学生兴趣爱好，鼓励大众参与作为了学校足球的根本发展目标。在小学足球运动开展的同时，其还设置了相应的 5 ~ 8 年级的合作学校和 7 ~ 13 年级的精英学校，从而使得其形成了金字塔式的发展模式。

德国校园足球还注重学校与俱乐部的合作，不仅使得学生体验到了足球运动的乐趣，还为足球俱乐部培养了人才。

（二）英格兰学校足球人才培养模式

英格兰是现代足球运动的发源地，其在足球后备人才培养方面，将足球的培养和普及完美结合在了一起，从而不断出现优秀的足球人才，其校园足球人才培养模式值得借鉴和学习。

英格兰足球人才的培养模式主要包括学校系统和体育系统，在英格兰足球协会的领导下，足球运动以学校足球为主，从而得到了普及，而足球学校也是足球普及的重要方面，足球技能的提高阶段则主要依靠职业的足球俱乐部。

英格兰足球协会是英格兰足球总会的合作伙伴，对全国校园足球起到重要的组织工作，开展校园足球运动已经有百年的历史，它开展相应的活动得到了足球总会和教育与技能部的批准。英格兰足球计划的实施增加了其足球后备人才，虽然并不是每个人都能够成为职业运动员，但是其保证了每个人都有机会参与足球运动。

在英格兰，约有三万多所学校开展足球运动，而这其中小学有一半左右。而这些学校中几乎都配备一名教练员。为了促进校园足球运动的发

展,英格兰实行了资格认证制度,有两千多个俱乐部和两千多个小学得到了足球协会的认证。

在小学阶段,学校与足球俱乐部相结合,共同实现对学生的培养和教育。学生平时在学校学习,放学之后在相应的训练点进行训练。学生在进行训练时,在路上的时间不能超过一小时。随着学生运动技能的提高,感觉具有潜质的学生可接受足球学校的更高水平的训练。

(三)日本学校足球人才培养模式

日本足球后备人才培养实施足球俱乐部训练中心制度,并以学校足球、职业俱乐部梯队和出国留学等形式为补充。为了选拔优秀的足球选手,日本将学校作为后备人才培养的基地,大中小学都建立了自己的学校足球俱乐部,并建立了相应的足球队。日本足球协会会每年举办中小学足球比赛,选拔优秀的球员接受更进一步的训练。

(四)韩国学校足球人才培养模式

韩国的职业俱乐部不设置预备队,青少年足球人才的培养都在学校进行,学生都应完成国家的规定的必修课。韩国规定,男子20岁要按国家的规定服兵役,这对其身体素质和意志品质的提升具有重要的作用。职业俱乐部每年会从高中和大学的足球比赛中选拔足球队员,学校的培养以专业运动员为目标,如果被淘汰,则转为学历教育。

韩国足协中高足球联盟会还组织中学组和高中组学生的比赛,每次都有百支队伍参加。采用赛会制,小组赛后开始淘汰,名次列前的队可打7~8场比赛。另外,韩国青少年足球培养涉及政府、足协、学校和媒体等多个社会组织,已经成为韩国的一种重要的社会文化。在韩国,考试成绩并不是最重要的,足球比赛的前几名运动员,可直接升入大学,其训练也相对较为专业化。

五、校园足球后备人才培养策略

受多种因素的影响,我国足球青少年后备人才培养普及面小、规模锐减、成才率低、质量不高等,这是国内外环境多重矛盾与问题的综合体现。而校园足球的发展也是近年来才得到重视的。教学和训练理论研究都比较欠缺,理论对实践具有重要的指导作用,没有科学的理论基础,青少年后备人才培养在中国足球发展中的战略基础地位就难以确立,认识就不统一，发展方向就不明确。缺乏科学的理论指导是当前我国校园足球发展与人才培养的一个重要原因之一。

针对当前我国校园足球运动后备人才培养中出现的一系列问题和不足，应积极采取措施进行调整和修正，结合我国校园足球发展特点，现阶段，对我国校园足球运动后备人才培养策略具体分析如下。

（一）重视思想教育

理念是人们在长期的实践，并进行理性思考的基础上形成的思想观念、精神向往、理想追求和哲学观点的抽象概括。人才培养理念，就是人们在人才培养过程中形成的对如何促进人才培养和发展的指向性的理性认识。

在大学生足球运动后备人才入学后，各个高校的足球教练员要对其进行思想教育，使这些后备人才能够树立起成为国家优秀足球后备人才的目标；入学之后，也要坚持不断地给予这些队员鼓励与激励，还要持续对他们进行思想教育，以提高他们的思想境界，并对平时或比赛中表现非常优秀的运动员给予精神或物质上的奖励，以更好地激发运动员的上进心。

在科学发展观的指导下，我国的青少年足球培养理念发生了巨大的变化。现代足球后备人才的培养更加注重人文关怀，并且注重其协调和可持续发展。新时期，我国足球后备人才的培养更加注重人性化教育，以人的发展为最终目标，实现人的发展与足球运动的发展的协调统一。转变我国的足球后备人才培养理念的应从以下几方面入手。

（1）对足球的认识方面，将其作为一种教育的工具，群众更加广泛地参与其中。

（2）人才培养理念方面，我国引入先进的培养理念，并得到了相应的国际足球组织的支持。

（3）足球培养目标方面，注重球员社会责任感和终身技能的培养。在校园足球发展过程中更加注重学生的快乐学习，并培养其独立思考和解决问题的能力，发展其创造性。

（4）新的后备人才培养方式使得家长和学生受益，从而使得我国足球事业得到了持续的发展。新的培养理念更加注重足球运动的普及，促进对学生兴趣的培养。

（二）完善人才体制

足球人才体制的完善包括两方面内容,

（1）在训练管理体制方面,训练管理体制对足球运动后备人才竞技能力的培养有着重要的影响,它决定着足球运动后备人才从事足球运动竞技能力训练的组织形式。

（2）在足球竞赛体制方面,以大学生足球竞赛体制为例,大学生足球比赛所采用的比赛制度为赛会制,其特点为:一赛三阶段和一赛多方法。一赛三阶段主要分为选拔赛、分区赛和总决赛三个阶段。一赛多方法是指在不同的比赛阶段采用不同比赛方法。要不断完善大学生足球竞赛体系,真正从比赛中发掘足球运动人才。

（三）科学选才成才

在对学生进行选材的实践中,只有科学选才,提高选才成功率,缩短培养周期,抓住对运动员将来创造优异成绩起决定作用的主要因素,才能挑选出最优秀的足球运动后备人才,才能促进我国足球运动整体发展水平的提升。

在对学生进行培养时,教练员要对每名学生制定一个明确而符合实际的培养目标。这是因为每名学生都存在着较大的差异,参与足球运动的想法和动机不同,训练的水平和身体素质也不同。例如,有些学生是因为对足球的兴趣参加的,有些可能是因为在父母的要求下参加的。无论是哪种原因,教练员就有责任帮助他们制定和实现既定的目标。另外,学生在生理和心理上也存在着较大的差异,这就要求教师和教练员在进行训练时,要设计出适合运动员训练的体系,并注意不同年龄阶段学生运动训练的内容和要求,无论是对哪一个年龄阶段,在安排和培养目标上都要有针对性。足球教师和教练员在教学过程中,要采用多种方法,结合学生自身的特点进行训练。

（四）扩大人才来源

足球运动后备人才主要来源于足球传统学校,绝大部分通过特招录取,少部分是通过面试录取,通过正常录取的比例却很小很小。因此,大部分的学生足球运动员文化基础较差,在文化课的学习方面困难较大。基于此必须不断扩大足球运动人才发掘,多渠道发掘足球运动后备人才。

（五）优化体教结合

体教结合能够解决后备人才运动训练与文化学习之间的矛盾关系，促进运动员的全面发展。在新的历史时期，实现训练与文化课的结合，竞技运动与健身、学校教育的结合，体育部门与教育管理部门的结合，对我国校园足球后备人才的培养具有重要的意义。

在进行校园足球后备人才的培养过程中，应注重人才的全面发展，解决好教学与训练之间的矛盾。在教学中增加适当的运动训练，能够使得学生身心得到放松和锻炼，而如果训练时间增加，势必会影响学生的学习。学生的学习与训练都是社会所需要的培养形式，学生应根据自身的情况调整教学与训练之间的比重。如果学生想要成为职业球员，则其应适当增加训练队比重，但要保证文化课的学习应适应社会的需要，不阻碍其足球运动水平的提高。而如果有学生想要成为教练员、科研人员等，其要加强理论知识的学习，并适当减少运动训练的时间。

此外，必须通过建立统一、高效的领导机构来对体育部门和教育部门两者之间的关系进行妥善协调，在培养目标和办学思想上做到高度统一，相互之间进行优势互补，并根据体育的特点和教育教学规律合理办学，充分发挥体教结合的综合效益，促进足球运动后备人才的质量和成才率的不断提高。

（六）改善学训环境

首先，正确认识训练中教师与学生的地位和二者之间的关系。现代体育教学已不同于以往，现代体育教学已经摒弃了以往的简单灌输式教学方法，而更倾向于师生双边互动的教学活动。在足球教学中，教师应根据学生适龄的身心特点，正确处理好师生关系，克服"教师中心论""学生中心论"的片面教学思想和观念，充分发挥两个教学主体的主观能动性，积极地进行教与学的活动。教学应以体育教师为主导，充分调动学生参与的热情和练习的兴趣。

其次，在开展校园足球活动时，教师和教练员应努力为学生创造一个良好的运动训练的氛围，以提高运动员训练的积极性。在足球训练的早期阶段，教练员应该明白不要过早地固定其场上的位置。这一阶段的训练应该是了解和熟悉场上所有的位置。在实际训练中，教练员在设计训练项目时要特别用心，要将学生的各种因素考虑在内。

最后，重视校园足球学训物质条件的改善。通过相关调查可知，我国各学校在足球训练环境方面都存在各种各样的问题，如足球训练场馆不充足，设施陈旧；经费不足且经费来源较为单一，主要来源于学校的教育投资，很少有社会赞助所带来的资金。

（七）提高训练质量

就高校足球运动后备人才培养来讲，在足球运动员在校学习期间，文化课学习任务都较为繁重，无法像专业足球队那样全天进行专业化训练，这就使得学生足球运动员要想提高自身的竞技能力，就必须提高训练的效率和质量。

具体来说，足球训练中不仅要培养足球竞技能力，还要进行人文教育，实现做人与运动训练的统一，对足球运动员进行系统的教育。足球训练中的教育导向是指在运动训练时，重视和强调球员的文化和素质教育，以实现训练与教育的相互结合、协调和促进，最终实现训练和教育的融合，促进竞技运动的发展和提高。教育性训练理念是一种指导思想，对训练中的球员及其行为起着规范作用。

（八）提高教练员素质

在校园足球后备人才培养过程中，教师和教练员发挥着非常重要的作用，因此要想提高青少年足球运动员的训练水平，就必须不断提高教练员素质。

首先，教师和教练员要具备全面而丰富的足球知识和足球专业水平，接受系统、正规的培训和管理，保证足球训练工作的质量。教练员要充分利用培训的机会，掌握足球训练的技术动作教学与示范方法，进一步提高自身的专业水平和教学能力。

其次，教练员要注意提高自身的观察能力和思考能力，从而逐步提升执教能力。教练员要选择适合学生身心发展特点的练习活动，关注学生对练习的反应及时、准确地发现足球训练中存在的问题，并进行有效的调整和完善，以帮助学生达到更好的训练效果。

（九）完善校园足球评价

在校园足球后备人才培养过程中，为了促进培养体系能够良好地运行，应建立相应的评估体系，对人才培养的过程、效果等各方面进行评估，并提供相应的改进依据。实践表明，通过建立相应的评估体系能够实现校园足球活动长期、稳定、健康的发展。

校园足球人才培养是一个系统的工程,校园足球教学、训练、选才、培养评价是校园足球可持续发展的重要基础。评价过程中,应对在校园足球教学训练工作中成绩较为突出的给予相应的奖励,激发其工作的积极性;对于表现不好的给予相应的惩罚,以促进其提高工作效率。通过竞争的手段,保证校园足球活动的快速、健康发展。需要注意的是,评估过程中,应客观、公正、准确,避免挫伤相关单位的工作积极性。评估的方式应多元化,以保证评估结果更加科学、准确。

随着我国对校园足球运动发展的重视,我国学校中喜爱、关注、参与足球运动的青少年学生越来越多,而科学化校园后备人才选拔、训练、培养体系的建立是一个复杂的过程,需要各方面的配合与努力,也需要时间。相信作为足球人才培养摇篮的重要基地,校园足球人才培养一定会为我国足球运动发展培养出更多、更优秀的人才。

第二节　校园足球裁判员的培养

校园足球得到蓬勃发展,而与此相对应的却是我国足球裁判员培养工作的落后。在我国,教育部门是校园足球运动的主管部门,负责统筹校园足球运动的所有工作,也包括校园足球赛事的足球裁判员工作。从对规则的理解程度和临场执裁来看,我国足球裁判员的业务水平还存在着很大的提升空间。在我国顶级职业联赛中,许多年轻裁判员在执法过程中容易受到外界因素的影响,在面对突发事件时不能够全面正确地做出判断,很容易导致场上出现失控的情况。归根结底还是由于裁判员执法比赛的经验少,导致心理素质不过关。

一、校园足球裁判员应具备的素质

对于一名合格的足球裁判员来说,要具备的素质包括优秀的身体素质、过硬的心理素质、出色的专业水平和崇高的思想品德,具体如下。

（一）身体素质

优秀的身体素质是成为足球裁判员的基础。近年来国际足联将其旗下的裁判员的年龄上限不断下调,这样做的目的很明显是为了能够让裁判员更加"年轻化",使他们始终保持良好的精神状态和充沛的体能来完成执裁任务。而这也是与现代足球比赛的攻防转换速度与节奏明显加快，对抗程度越来越高有关。再加上足球比赛需要持续 90 分钟，这就要求裁判员要有不亚于球员的耐力和精力，以保证在 90 分钟内保持足够的体能和注意力。

1. 基本身体素质

现代足球比赛对裁判员的基本身体素质提出了较高的要求，尤其是格外看重身体的耐力素质与速度素质。比赛中攻守转换速度的加快，双方球员激烈的争夺以及犯规次数的增多，这些情况都对需要裁判员及时跑动、跟进到位，这是判罚准确的基础，因此裁判员经常会做连续的往返冲刺，如果裁判员没有良好的速度素质，就不能做到跑位及时、观察清楚，就不能紧跟球的发展变化的。

2. 思维清晰

良好的身体素质还体现在头脑清醒、注意力长期保持集中、反应敏捷和良好的应变能力。裁判员在临场执裁的过程中，90 分钟内自始至终都要保持清醒的头脑和敏锐的洞察力，冷静地观察分析比赛场上的变化，除了紧盯有球方向的形势外，还要适时兼顾场上可能发生的其他突发情况。跑位时尽量避免出现不合理的跑动，或者在跑动中干扰球员的跑动、传切配合和挡住足球运行等现象。

（二）心理素质

从事任何工作都需要具有优秀的心理素质。对于足球裁判员来说，过硬的心理素质更是必不可少的。裁判员应具备的心理素质主要有以下几个方面体现。

1. 平稳的心态

裁判员拥有平稳的心态，就不会轻易受到复杂的人际关系以及主客场因素等的影响，这样又有利于其在执法过程中保持客观性，从而对各种情况做出准确的判断，严格执裁，准确判罚，保证比赛的公平公正。

2. 良好的自控力与适应力

随着足球运动的市场化和商业化，比赛结果直接影响球队和球员、教练的利益。因此，许多球队为了获得胜利，便会在场外进行暗箱操作。此时，裁判员作为场上的执法者，经常会被作为拉拢和疏通的对象。于是，裁判员会在比赛场外受到来自多方利益的诱惑和干扰，尽管能够抵抗这些诱惑,在场上一旦出现争议判罚时仍旧会受到来自球员、教练员、球迷、新闻媒体的多方质疑。这就要求裁判员要保有较强的自控力、自我约束力,以便始终保持冷静、客观的心态,尽最大努力减少比赛和判罚受到客观因素的影响。

3. 坚定的意志品质

足球裁判员作为比赛的组织者和运动公平性的维护者,有责任纠正球员在比赛中出现的各种违规行为。对严重犯规和违反体育道德的犯规,裁判员应准确、果断、及时、大胆地进行处罚。但由于比赛始终处在紧张氛围下,再加上裁判员体能下降等多种原因,导致出现一些失误和争议判罚是不可避免的。此时,他们就可能会遭受各种质疑。因此,面对这种情况,裁判员要用坚强的意志品质来克服外界与自身的压力,确保执裁工作任务的顺利完成。在下场后,对比赛中有争议的判罚要通过录像回看,如果确实是出现了判罚失误,要认真总结失误的原因和解决方法,力争在日后的执法中不再出现类似的问题。

(三)专业素质

专业素质是从事任何一种职业或工作的人所必须掌握的,足球裁判员工作也不例外。足球裁判员的专业能力,是指裁判员能够胜任足球裁判员工作的主观条件,它包括了解足球规律、足球知识、足球意识和判罚能力等,具体如下。

1. 了解足球规律

哲学理论讲到过,"任何事物都不是停滞不前的,都处于不停的运动之中。"作为世界第一运动的足球运动更是如此,每一次世界杯足球赛都有技战术打法的创新,都展现出了足球运动的发展新趋势。因此,裁判员要多多学习足球运动发展史,关注现代足球的发展潮流和趋势,以便促进自身判罚水平的提升。

2. 足球知识

判断裁判员的知识水平可以从两方面来进行,一是是否具备扎实的基础文化知识,一是是否具备扎实的裁判员理论知识。这是从事足球裁判员工作的前提条件,也是保证准确判罚的理论基础。只有掌握好上述两种知识,才能在执法时做到有"法"可依、有根可循,才能引导比赛朝着公平竞争、健康有序的方向发展。例如,国际足联对于铲球的规则进行了一些改变,原先判定铲球是否犯规的依据在于铲球球员是否铲到了球,但由于铲球动作带有极大的危险性,近年来将这项规则改为无论是否铲到球,任何背后铲球动作都属于犯规。

3. 足球意识

比赛中运动员的活动具有明确的目的性和自觉性,并能通过意识来实现对自己行为的调节和控制,这就是足球意识。裁判员只有具备了优秀的意识,才能根据双方特点和场上形势合理地调整活动范围和跑动路线,从而达到提高判罚的准确性和预见性的目的。

预见性是足球意识的核心。裁判员的跑动距离不亚于场上的球员,而实际情况是人的跑动永远跟不上球的速度。因此,为了能够及时跑到有利于观察比赛发展局势的位置,这就要求裁判员要提高预见的准确性,也就是说裁判员要预见球的发展方向,以此来弥补人的跑动速度慢的劣势。

4. 判罚能力

足球裁判员的判罚能力包括运用规则的合理性和灵活性,判罚的准确性和果断性以及控制比赛场面的能力。这些能力具体体现为能够正确判明球员的犯规或其他行为;根据有利原则适时判罚或追加处罚,从而保证比赛的连贯和流畅;对违体行为根据规则要求严格处罚等。

除此之外,裁判员还要善于处理场上的突发事件,这也是判断裁判员判罚能力的依据之一。在面对突发事件时要力争做到关注事件的起因,抓住事件的主要导火索和当事人。如果没有在第一时间看清事发经过,不要贸然判罚,应首先与助理裁判员进行商议,得出一致意见后再行判罚。在处罚时要做到公平合理,有理、有力、有节。时间的处理应该尽量在最短的时间内解决,尽快恢复比赛。

(四)思想品德

要想做好事,先要做好人。特别是对于拥有球场上绝对权威的裁判员来说,优秀的思想品德是做好裁判员工作的前提条件,也是一名裁判员从合格晋升到优秀必须具有的基本素养。

1. 责任感和使命感

裁判员首先应该是一位热爱足球运动的球迷。其次,作为足球裁判员应充分认识到自己所从事的责任感和使命感,要具备崇高的事业心,并应以从事足球裁判工作为骄傲,坚持原则、实事求是,力求为足球运动的发展贡献出自己的一份力量。

2. 公平公正的信念

在足球运动中,裁判员是比赛场上的"法官",这就决定了他们的职业道德水平、专业素质能力、判罚尺度的把握等因素都与比赛结果息息相关。足球裁判员只有秉承公平公正的信念,才能出色地完成好裁判工作。

二、足球规则中的裁判工作

（一）裁判员的跑动和选位

1. 裁判员的跑动与选位的重要性

现代足球运动的发展对裁判员的工作提出了更高的要求,责任更为突出。为了保护运动员身体健康,使双方在条件对等的情况下进行比赛,促进技战术的发展,使比赛精彩、流畅、具有观赏性,裁判员必须提高判罚的准确性及控制比赛的能力。积极的跑动和恰当的选位正是达到上述要求的不可缺少的重要条件之一。

2. 裁判员跑动的原则、要求和方法

（1）裁判员跑动的原则

一般情况下,裁判员应处于球的左后侧方 10 ～ 15 米,并始终将球和助理裁判员放在视线内;不影响运动员的跑动和技战术水平的发挥。距离比赛的焦点近,选好观察角度;快速通过中场。

（2）裁判员跑动的要求

现代足球朝着技能、体能和心智能等全面发展的方向前进,而片面强调技能或体能的时代已经结束。攻守平衡、整体而快速的攻守,是现代足球运动的发展趋势之一。这种"快"对裁判员的执法工作提出了更高的要求,它要求裁判员在跑动时必须做到耐力好、速度快,具有预见性。

①耐力好。足球场地大,比赛持续时间长。根据历年来统计资料,一场比赛中裁判员的跑动距离一般在 8 000 ～ 10 000 米,说明裁判员要完成一场比赛的裁判任务必须具有良好的耐力基础。裁判员除了具有一般耐力之外,还必须具有良好的速度耐力,因为现代足球攻守转换频繁,需要裁判员连续往返的冲刺,没有良好的速度耐力是难以紧紧跟随球的发展变化的。同时,在紧张而激烈的比赛中往往容易产生疲劳,致使注意力

分散,影响判罚的准确性。

②速度快。现代足球的特点突出体现在"快"字上。队员的跑动速度及比赛中攻守转换速度加快,双方争夺更加激烈,犯规次数增多,这种情况对裁判员速度的要求也相应提高。如果裁判员没有良好的速度素质,不能跟随球的发展变化及时到位,往往造成在关键时刻或关键问题上失误,出现不必要的纠纷,影响比赛顺利进行。

③预见性。裁判员往往跟不上球的速度,因为裁判员的跑动是根据球的移动而变化的,是被动的。如何变被动为主动,这就要求裁判员要提高预见的准确性,也就是说裁判员要预见球的发展方向,提前跑动。如果提前0.5秒,裁判员就可提前跑动几米,这样,就可以弥补速度慢的缺点,裁判员的跑动就可以变被动为主动。

（3）裁判员跑动的方法

裁判员的跑动方法可分为正面跑、倒退跑、侧向跑。不论采用哪种跑动方法,其基本的要求是始终面向球,因为双方队员争夺的焦点是球。在一般情况下,裁判员在球的进攻方向后面时采用正面跑;裁判员在球的进攻方向前面时采用倒退跑;裁判员在球的进攻方向侧面时采用侧向跑。由于场上情况变化无常,裁判员的跑动方法也要随之变化。

目前,国内外均采用对角线裁判制。对角线裁判制是沿球场的对角线方向活动,但并不意味着裁判员的活动不能离开这条线,而是应根据不同情况采用不同的跑动路线。根据跑动路线的不同,可以归纳为四种:大S形跑、跟踪跑、小S形跑和直线跑。

①大S形跑。这种跑动路线使裁判员保持在球的左侧后方,与助理裁判员保持密切的联系,球在进攻方向的左侧发展时能与球保持较近的距离。采用这种跑动路线,一般情况下先向前插入不多,所以裁判员基本上不会影响运动员的活动和传球路线。但当某队快速反击时,裁判员往往距球较远。球在右边发展时,裁判员向右路靠近较少,因此,往往距球较远,一旦在右路判罚犯规后不易及时到位。目前这种跑动路线基本上不被采用。

②跟踪跑。这种跑动没有固定的路线,裁判员是以球为中心进行跟踪,它的最大优点是始终与球保持较近的距离。但当球由右路向左路转移时,裁判员不能始终面向助理裁判员并保持与助理裁判员的联系,有时也容易影响队员的活动和传球路线。这种跟踪跑对体力要求相当高,因此采用不多。

③小S形跑。这种跑动路线使裁判员与球保持较近的距离,球在中路或右路发展时能在球的左侧后方保持与助理裁判员的联系,球在左路

发展时裁判员往往背向助理裁判员。采用这种跑动路线,裁判员可根据球的发展提前插到其运行的前方,球发展到罚球区内能及时跟上。采用小 s 形跑比较节省体力。

④直线跑。这种跑动与小 S 形跑大体上相似,由于它基本上是在两个罚球区之间的直线活动,对左右两路都保持较近的距离,因此,对左右两路的情况观察较清楚,判罚能及时到位,避免不必要的纠纷。由于是在两个罚球区之间活动,因此,裁判员就能把握罚球区内的判罚。直线跑较节省体力,但球在左路发展时,裁判员往往背向助理裁判员。

现代足球运动对裁判员跑动提出了更高的要求,但是由于裁判员的年龄、身体及训练水平始终与运动员存在一定差距,因此,从足球运动发展看,小 S 形跑和直线跑是比较适宜的,采用也较多。

各队都有自己的技术风格与战术特点,有一定的应变能力,他们往往在比赛中根据不同对象改变自己的打法。因此,裁判员不能一成不变地采用一种跑动路线来执行一场比赛,裁判员也应具有应变能力,根据不同的打法与特点,采用不同的跑动路线。例如:某队采用长传为主的打法时,裁判员可采用直线或小 S 形跑;某队采用以短传为主,稳扎稳打,层层推进的打法时。裁判员可采用跟踪跑等。总之,裁判员的跑动路线也要随着不同情况而有所改变。

裁判员在选用跑动路线时应考虑到场地、气候情况及本人体力状况而有所变化。如果气候炎热、比赛场地地势高(高原)、裁判员体力差,则应采用较为节省体力的跑动路线。

3. 裁判员的选位

裁判员具有预见性就可以紧跟球的发展,与球保持适当的距离,但这不等于裁判员就能看清楚双方队员的动作。在比赛中经常出现这种情况,有时观众在看台上看到运动员的犯规动作,而裁判员却没有看到。裁判员与运动员的距离比观众与运动员的距离近得多,为什么看不到呢? 显然,这主要是裁判员所选择的位置不当,由于与双方队员的位置重叠,而影响裁判员的视线。这说明裁判员不仅要与球保持适当的距离,更重要的是选择好位置。

(1)裁判员的选位要求

裁判员的选位要做到:一快、二勤、三防止。

一快:裁判员反应要快。

二勤:裁判员脚步移动要勤。

三防止:裁判员在移动中要防止与双方队员位置重叠。

（2）裁判员在"活球"时的位置

比赛应该在裁判员和比赛时球所在半场的助理裁判员的控制之下进行。比赛时，球所在半场的助理裁判员应在裁判员的视野之内，裁判员应采用大对角线跑位法。选择距球稍远的位置有利于轻松监控比赛，并将助理裁判员放在视野之内。裁判员在不干扰比赛的情况下尽可能接近并观察比赛的发展。需要裁判员观察的情况并不总是发生在球的附近，因此裁判员应该注意：

①个别队员的挑衅引起突发事件并不一定在球的附近；

②当比赛向某一区域发展时应注意周边可能发生的犯规情况；

③犯规发生在球被争抢队员踢到一边之后。

（二）裁判员的信号

裁判员的信号包括手势、哨声和身体语言。

1.手势

手势如图7-1所示。

直接任意球　　间接任意球　　有利　　黄牌　　红牌

图7-1

2.哨声

需要鸣哨的情况包括以下几种：

（1）比赛开始（上、下半场）及进球后；

（2）停止比赛（判罚任意球或罚球点球，比赛需要暂停或中止，当一段时间的比赛应该结束时）；

（3）恢复比赛（踢任意球时裁判员组织人墙以后，罚球点球，对不正当行为出示红黄牌后,队员受伤,替换队员)。

不需要鸣哨的情况包括以下几种。

(1)停止比赛时是为了示意(球门球、角球、掷界外球及进球);

(2)以任意球、球门球、角球及掷界外球恢复比赛。

过于频繁、不需要的哨声将会减小在需要哨声时的作用。当可以不用鸣哨恢复比赛时,裁判员应该清楚地告诉队员只有他给出信号后比赛才能恢复。

3. 身体语言

身体语言可以当做裁判员工作的一个手段使用:

(1)帮助裁判员控制比赛;

(2)显示裁判员的权威和自控能力。

注意,身体语言不是用来解释裁判的判罚决定的。

三、足球裁判员的培养体制

足球运动的发展受多方面因素的影响,其中,裁判员的数量和质量对于其具有重要的影响。在世界各国中,足球运动水平较高的国家,其裁判员的水平也相对较高,裁判培养体制也更加完善。

在我国的足球改革发展过程中,不断吸收和借鉴国外的先进经验。在足球裁判员培养体制方面,我国也借鉴了国外的足球裁判员培养制度。我国足协裁判委员会负责制定每年的裁判培训计划,并组织实施,取得了较好的效果。

2015 年颁布的《体育竞赛裁判员管理办法》规定了各级裁判员的权利和义务。裁判员的权利方面,其有权利参加裁判员的学习和培训,并监督本级裁委会的工作开展,对不良现象进行举报。在其应该承担的义务方面规定,裁判员应主动学习研究并熟练掌握运用本项目竞赛规则和裁判法;应主动参加培训,并服从和指导培训其他裁判员。

四、足球裁判员的培养策略

(一)建立足球裁判员培养体系

1. 优化选材和培训,建立职业裁判体系

开展校园足球运动的目的是为推广足球运动、普及体育教育,选拔优秀的足球人才。同理我们也可从校园足球运动中去选拔优秀足球裁判员来加以培养。有数据记载,目前日本的足球裁判员注册人数有 23 万人左右,而我国目前的裁判员注册人数只有 3 万人左右。从数量上来看,我国足球裁判员人口与日本足球裁判员人口相差甚远。足球裁判员人口基数少是阻碍我国足球裁判队伍发展的主要原因,是制约我国足球裁判员队伍整体水平提高的主要因素。所以我们应该扩大裁判员的选才范围、优化选才环境、加强对年轻裁判员的培训。尝试建立足球裁判员职业化体系,不断提高裁判员队伍的职业化水平,让足球裁判工作成为一种职业,让裁判员把裁判工作当作是一份职业工作来对待,以此来提高我国裁判员队伍整体的业务水平。

2. 管理模式要实行创新和市场化

我国校园足球裁判员的管理和培养模式还存在巨大的改进空间。目前我们还没有能力给所有年轻裁判员提供执法正式比赛的机会,因此造成他们执裁比赛的业务水平参差不齐。现今有许多在校的大学生拿到裁判员等级证书却很少有机会被足协选派出去执法比赛,只能执法一些社会上的"野球",也就是业余足球比赛。虽然这些业余足球比赛也能起到锻炼年轻裁判员的作用,但是缺少行业主管部门的监管和高级别足球裁判员的指导,长期执法业余足球比赛对年轻裁判员的成长是不利的。所以我国的足球裁判员管理部门应该对足球裁判员队伍的管理模式进行创新。

3. 实施区域考核,依靠数据进行执法选派

由于校园足球运动的开展时间是以学年为主,所以对于裁判员的考核可实行每个学期一小考、每个学年一大考的方式,来督促裁判员进行理论和业务学习;同时还应加强对裁判员的体能考核,将每位裁判员的考核情况记录在册进行数据分析。考核的方式可实施区域考核,分管到位的方法来加强对裁判员的考核。在选派裁判员时要做到公平、公正、公开,严格按照足协数据统计的标准来执行;要根据数据统计结果充分考虑裁判员自身的业务水平,选派其执法与之水平相匹配的赛事。有数据统计做支撑,可以使足协在选派裁判员时有科学依据做参考,这样更能使其他裁判员信服足协的派遣,能更好地树立其专业性和权威性。

(二)足球裁判员的自我发展

从职业意义上讲,裁判员是足球场上的"法官",是足球比赛法律条

文的体现者和执行者。因此,对于立志成为一名优秀足球裁判员的个体来说,不仅需要良好的培养体系对其进行培养,还需要其主动提高自身的综合素质来应对实际的足球裁判工作。裁判员在校园足球运动中的自我发展过程中应该坚持自律自信、精益求精、秉公执法的原则。

1. 自律自信的原则

自律乃是一种自我约束的原则,是心中树立的一种道德信念和修养准则,是严于律己,实现自我教育、自我管理、摆正自信的天平。足球裁判员的自律和自信主要体现在执法比赛时的体能和精神面貌上面。如果一名足球裁判员没有良好的体能储备,那么他很难高质量的完成一场九十分钟足球比赛的执法工作。良好的体能是足球裁判员在场上保持良好判断意识的重要保障,是保持良好精神面貌的重要基础,同时也是其晋级高水平裁判的必要条件之一。由于校园足球运动具有其特殊性,裁判员在场上所面对的压力并不比职业足球裁判员所面对的压力小。所以裁判员在场上应该保持良好的体能和足够的自信来面对场上可能出现的一切压力。

2. 严肃认真,精益求精

在一场足球比赛中裁判员既是组织者又是教育者,所以裁判员的一言一行都会给场上的球员、场下的观众留下深刻的印象。特别是在校园足球运动中,由于参与足球运动的人群全部是在校学生,所以裁判员更要注重自身在场上场下的言谈举止及所作所为,要给参赛的球员们留下一个良好的形象。在具体的裁判工作中,要认真做好赛前的准备工作,要开好赛前准备会,了解比赛双方球队的一些特点,互相熟悉裁判员间的一些判罚习惯;要仔细检查比赛场地情况,及时处理可能会影响比赛进行的潜在隐患;要认真核对上场队员的名单,检查其装备是否符合赛事规定,以防赛后出现争议。在执法比赛时,裁判员应当做到哨严、面善,对于球员的违规犯规行为进行判罚,一定要以足球竞赛规则的条文为准则来处理,不能轻易以球员的认错态度和自身的主观意见来判罚。在执法比赛中要充分体现一名足球裁判员的严肃认真和精益求精的工作态度。

3. 公平公正,秉公执法

裁判员在场上的执法,是规则赋予的权力,他是规则的执行者和捍卫者。因此,足球裁判员应当珍惜这种权力,也必须要懂得如何正确地使用这种权力。校园足球的主要目的是为普及体育教育、推广足球运动、增强青少年体质健康,其核心目的依然是教育。裁判员在场上要对参赛双方球员一视同仁,不受场内场外任何因素的影响,要对比赛结果做出客观的反映。一名足球裁判员无论执法什么级别的比赛、遇到什么样的球队都应该做到不卑不亢、不偏不倚;无论遇到什么样的球员都应该做到不徇私情,要时刻保持一名足球裁判员该有的公平公正、秉公执法的专业精神。

第三节　校园足球指导员的培养

一、足球指导员

与足球教练员不同,足球指导员是组织和开展各种足球活动的人。而足球教练员多是指指导运动员训练和比赛的人,二者有着明显的区别。与足球教练员相比,足球指导员的综合素质和要求较低,他们只要能够科学地组织与管理足球活动即可,而足球教练员必须要具备扎实的足球理论知识与运动技能,还要具有先进的训练理念与方法,能独立地设计与制定训练计划,从而有效提高运动员的竞技水平。

二、校园足球指导员培训的原则与方法

(一)足球指导员培训原则

1.群体优化原则

群体优化原则要求对足球指导员的培训应从全局出发,有计划地进行培养,注重整体的优化,使足球指导员的素质得到全面的提高,使群体结构得到优化和提高。

2.定向培训原则

教育的高度是与教师的专业水平同在的[①]。教学是一门艺术,更是一门科学。作为一名教师,必须具备精深扎实的专业知识。对足球指导员的培养应实行定向培训,以满足其实际工作的需求,能够使足球指导员培养少走弯路,在校园足球运动队的训练中,不同的足球指导员其工作的发

---

① 潘裕民.教师专业发展的理论取向与实现路径[M].桂林:广西师范大学出版社,2013.

展方向也会有所不同,因此,应针对不同的人才采用不同的培训方式。定向培训原则要求在进行足球指导员培训时,应做到"缺什么,补什么",使足球指导员的技能水平得到补充、培训、更新和提高。

3. 目的性原则

足球指导员的培养应具有鲜明的目的性,如解决某方面的教学问题,增强足球指导员某方面的技能掌握等,在培养之初就需要达成明确的培训目标,这样在培养过程中,足球指导员才有一定的学习目的性。

4. 系统发展原则

校园足球指导员的培养应顺应校园足球运动的发展趋势,着眼于整个校园足球指导员队伍的系统建设,站在一定的高度审视和处理问题。在足球指导员培养的过程中,应掌握各种现代化的技术手段,了解最新的学术和科研动态,使足球指导员的专业能达到一定的广度和深度,保证足球指导员的专业水平得到系统和全面的提高。

(二)足球指导员培训方法

1. 定期轮培

定期轮培是足球指导员培训最为常用的方式,能够使足球指导员不断地了解新的知识和掌握新的技能,不断补充新的知识和内容,提高足球指导员的专业素质。常见的方法有举办各种形式的培训班和讲座等。

2. 学术研讨会

通过开展学术研讨会,交流和探讨相应的学术成果。通过这种方式能够开拓足球指导员的视野,提高足球指导员的执教水平。

3. 考察学习

考察和学习对足球指导员的足球执教和训练思路的转变具有重要的作用。一般的考察学习是国内的考察学习,即实地考察借鉴优秀学校和优秀足球指导员的执教经验和方法,探讨本学校的执教方法。有条件的学校可开展相应的出国考察机会,使足球指导员接受国外先进的教学思路,开阔教学视野,为足球指导员的不断创新和执教能力的提高奠定基础。

三、校园足球指导员培训的序列及要求

（一）足球指导员培训序列

目前,我国校园足球指导员有初级、中级和高级之分,不同级别的足球指导员的培训序列具有一定的规律性。具体来说,校园足球指导的培训应遵循以下基本程序和过程。

（1）参与校园初级指导员培训的学员,应获得 1、2、3 级合格者方达到初级指导员标准。

（2）对于不同等级的足球指导员的培训来讲,校园 D 级和校园 C 级同社会 D 级和社会 C 级,它们之间的区别仅仅是学员对于学费的承担渠道不同。一般来说,校园序列由校足办承担学费,社会序列则由学员个人承担学费。

（3）要想获得学习校园 D 级的资格,必须先获得初级指导员证书并经讲师推荐。只有取得 D 级教练员证书的才有资格参与校园中级指导员培训,培训后通过考核合格后才算具备校园中级指导员的资质。

（4）要想参与校园高级指导员培训,必须首先取得 C 级教练员证书,培训后通过考核,合格者才算具有校园高级指导员的资质①。

（二）足球指导员培训要求

（1）热爱校园足球事业。
（2）身体健康能够保证上完培训所安排的 90% 的课程。
（3）对校园足球积极参与的态度（诚实、可信）。
（4）对校园足球队执教能够积极投入。
（5）曾有基层学校与青少年（6 ~ 18 岁）足球训练网点执教经验。
（6）通晓足球知识（具有高中以上学历）。
（7）所有等级的足球指导员都必须通过评估考试。

---

① 曾丹,邓世俊,耿建华.中国校园足球指导员培训教程 [M].北京：人民体育出版社,2015.

四、校园足球指导员培训内容及教学安排

（一）初级指导员培训

1. 理论培训内容

（1）校园足球指导员培训体系介绍。

（2）草根足球与校园足球的结合。

（3）适宜儿童进行的准备活动和整理活动。

（4）儿童足球游戏的组织与编排。

（5）足球训练计划的制定以及训练课的组织与安排。

（6）校园足球活动海报的设计与制定。

（7）发展运动员的协调性、灵敏性素质与基本移动技术。

（8）足球的教育价值与功能。

（9）校园足球训练内容、手段与方法。

（10）校园足球节各项活动的组织与安排。

（11）青少年足球 5 人制比赛的规则简介。

（12）中国校园足球发展情况介绍。

（13）儿童足球技术内容介绍。

（14）不同年龄段儿童的个性特点。

（15）青少年协调性素质要求。

（16）小场地足球比赛的规则与特点。

（17）校园足球竞赛活动的组织与编排。

（18）8 对 8 足球比赛规则介绍。

（19）竞技足球比赛原则简介。

（20）足球比赛的组织与指导。

（21）学生足球运动员的各项测试。

（22）青少年足球运动员的身体对抗与有球练习。

（23）青少年足球运动员的安全与健康教育。

（24）学习如何提高足球素质。

（25）包容性训练理念。

（26）足球运动员的营养与保健知识。

（27）11 人制比赛规则简介。

2. 实践培训内容

（1）准备活动和整理活动游戏。

（2）儿童足球游戏——运球练习。

（3）儿童足球游戏——颠球（足、头、大腿等）练习。

（4）儿童足球游戏——接控球练习。

（5）儿童足球游戏——短传球练习。

（6）儿童足球游戏——长传球练习。

（7）儿童足球游戏——射门练习。

（8）协调性、灵活性、移动技术练习。

（9）绳梯的使用方法。

（10）守门员技术练习。

（11）4 对 4 或 5 对 5 比赛练习。

（12）足球训练授课方法实例。

（13）组织足球节活动。

（14）8 对 8 比赛。

（15）包容性训练。

（16）11 人制比赛规则实践。

（二）中级指导员培训

1. 理论培训内容

（1）足球基本技术动作。

（2）激发运动员参加训练的积极性。

（3）青少年足球教学与训练的要点。

（4）足球运动员训练中的各种心理问题。

①足球理论考试。

②反馈和开班仪式。

③小组讨论实践课。

2. 实践培训内容

（1）带球练习。

（2）传接控球练习。

（3）创造射门机会和得分。

（4）个人防守压迫抢球练习。

（三）高级指导员培训

1. 理论培训内容

（1）运动疲劳产生的原因。
（2）营养补充的方法。
（3）体育道德行为阐释。
（4）建立信息收集渠道足球理论考试。

2. 实践培训内容

（1）由守转攻练习。
（2）小组进攻练习。
（3）由攻转守练习。
（4）小组防守练习。

五、校园足球指导员的培养策略

在新的时代背景下,我们应继续利用一切可以利用的力量去发展校园足球运动,其中校园足球指导员的培养作为重要的一环,理应受到高度重视。可以说,建立一个科学、完善的校园足球指导员培训体系对于挖掘与培养足球后备人才,促进我国足球运动的可持续发展具有深远的影响和意义。结合当前我国校园足球指导员的发展现状,下面提出具体的发展对策。

（一）建立校园足球活动指导员注册制度

总体来看,目前我国校园足球活动相关制度都还存在着一定的问题,各项制度还很不健全和完善,有的制度不够规范和合理,有的制度难以贯彻执行。其中在校园足球指导员注册制度方面就比较欠缺。据调查,目前我国现有的校园足球指导员 90% 以都是在校的体育教师,这是当初为扩大校园足球的规模不得已的做法,但随着我国校园足球的进一步发展,需要众多的高素质的指导员来推动校园足球的更快更好的发展,在这样的形势下就必须要调整政策,建立一个严格的指导员注册制度。只有通过注册的指导员才有资格参与校园足球各项活动,没有注册的指导员禁止其参加校园足球活动。

（二）完善校园足球活动指导员资格证书制度

当前,我国校园足球活动指导员资格证书制度还很不健全和完善,与我国校园足球的发展情况不完全相符,要想加大校园足球指导员的培训力度,首先就要建立一个完善的制度体系。由于我国校园足球准备时间较短,最初为了迅速扩大指导员规模,对指导员资格的规定比较松,而随着校园足球的大力发展,目前校园足球活动指导员已经被纳入 D 级足球教练员行列,参加统一的指导员培训就可以拿到 D 级教练员等级证书。在今后我国校园足球发展过程中,还要严格规定指导员的执政上岗制度,鼓励指导员积极参加各种培训[1]。一般来说,可以把目前的指导员培训上岗制度过渡到培训加继续教育上岗制度,最后争取达到指导员考核上岗的目标,这对于提高我国校园足球指导员的综合素质具有非常大的帮助。

（三）加强对校园足球活动指导员的继续教育

由于我国校园足球活动的起步时间较短,各项准备工作还没有完全落实,因此在活动开展过程中会出现各种问题。这就要求指导员要随时发现问题,并加以解决。因此,相关部门在组织指导员的培训后,还要对指导员进行再培训,以促进指导员水平的进一步提高,俗话说,"学无止境",加强校园足球指导员的继续教育就体现了这一点。

（四）建立校园足球活动指导员培训中心

建立校园足球指导员培训中心也是一个非常重要的途径,其目的主要是提高足球指导员的综合素质,需要注意的是,这一培训中心要有一个固定的场所,除非特殊情况,否则不能随意变动。

据相关调查,绝大部分的指导员都认为成立校园足球活动指导员培训中心是非常有必要的,他们都希望拥有一个固定的培训场所可供大家交流与学习,共同促进自身综合素质的发展和提高。同时也是为指导员提供了交流和学习的场所。

（五）成立校园足球活动指导员培训协会

当前,我国大部分学校的足球活动主要是由教委和体育局共同负责

的,校园足球办公室主要负责校园足球活动的具体事宜。结合当前我国校园足球的发展现状,应该由教委和体育局继续合作,由教委负责协调工作人员,体育局提供足球专业人才,共同组成指导员培训协会,负责开展具体的培训工作。

(六)加大校园足球指导员培训的财政投入

要促进校园足球指导员培训体系的建设,还要加大培训的财政投入力度,在硬件建设和软件投入方面都要重视起来。例如聘请国内外高水平讲师进行讲学,组织指导员进行实地考察和交流。采取奖励的形式鼓励指导员参加各种培训活动,提高指导员参与的积极性。

(七)科学设置校园足球活动指导员培训课程

在校园足球指导员培训课程中,理论课程和实践课程是重要的两个部分。这两个部分的合理设置将直接影响到指导员培训的质量。据调查统计,绝大部分的指导员认为实践课程应多于理论课程,这两个方面的课程安排要具有针对性,要符合当前我国校园足球教学的现状。另外,足球校本课程的建设、校内外足球活动和竞赛的内容都应纳入其中,这对于培养大量的高质量足球指导员具有重要的意义。

(八)合理安排校园足球活动指导员培训形式

目前,我国校园足球指导员培训的时间大都在3天以内,受时间因素的制约,一般安排在周末进行,而且是走读形式,这对于指导员来说相当于增加了额外的工作。据相关调查,有一部分指导员建议,应该适当延长培训时间,并且统一实行寄宿制,以保证培训的质量。为提高培训的质量,为指导员提供方便,培训部门应考虑指导员的具体实际合理安排培训形式。

(九)重视校园足球活动指导员培训讲师的选择

在建立校园足球指导员培训体系的过程中,还要十分重视培训讲师的选定,一名出色的培训教师必须要具备丰富的足球理论知识和青少年足球训练知识,还要具备组织校园足球各项活动的能力。

一般来说,校园足球培训讲师的来源有很多,其中体育基础理论专家、青少年足球教练、具有丰富教学经验的教师以及高水平足球运动员都可以是选择的目标。

相关部门及领导要在严格执行培训讲师录用制度的基础上,选定合格的足球讲师,从而保证校园足球指导员培训活动的顺利进行。

（十）编写高质量的校园足球活动指导员培训教材

大量的实践与事实表明,建设足球特色"校本课程"是开展校园足球活动的重要基础。而丰富多彩的校内课外足球活动则是校园足球发展的重要环节与内容。在校园足球指导员培训体系中,要把这两项培训内容作为重中之重。当前,我国所使用的足球指导员培训教材与我国的具体实际有所出入,因此编写一套适合我国国情的校园足球活动指导员培训教材就显得尤为重要,一个良好的符合当前我国校园足球实际的指导员培训教材能为我国指导员的培训指明方向。

第八章　校园足球科学发展之战略研究

我国校园足球的发展需要一个科学战略的指导。本章重点对校园足球科学发展的战略进行研究,在简要阐述校园足球发展战略基本理论的基础上,对我国校园足球发展战略的制定以及具体的战略措施进行了分析,以探讨我国校园足球的科学发展之路。

第一节　校园足球发展战略概述

一、发展战略概述

（一）发展战略的概念

发展战略指的是组织为了顺利实现积极向前的质变过程,对各环境要素进行综合分析,并在此基础上制定出的谋划与决策。这里的谋划与决策是根本性的,是全局性的,也是未来性的。

（二）发展战略的特征

为了能够更好地把握发展战略的概念,下面以四个方面来阐述其内涵与特征。

1. 发展性

发展性是战略特征的本质特征。发展是发展战略的着眼点,就像营销是营销战略的着眼点,竞争是竞争战略的着眼点一样。发展战略中的谋划主要是针对战略主体的发展问题而言的。

2. 根本性

战略是对一定问题的谋划与决策,这里的问题并非指所有的具体问题,而是符合一定条件的问题。发展战略针对的问题就是根本性的问题,是在事物发展中居于支配地位的,能够对事物发展成败起到决定作用的问题。

3.全局性

战略中的决策是针对全局问题的决策,它是对全局发展的规划,而不是只针对局部问题进行的规划。

4.长远性

人们重视发展战略,主要是因为战略关系到对未来的规划,人们可以通过借助一定的分析工具进行合理预测来实现对未来的掌握。因此,战略中的决策针对的是长远问题、宏观问题,而不是眼前问题、细节问题。

(三)发展战略的构成

不管是什么层次的战略,也不管是哪一类型的战略,对其进行制定时都需要具备一定的基本内涵,这就是发展战略要素。战略方针、战略目标、战略重点、战略阶段和战略对策是构成发展战略的五个基本要素。这五个要素之间相互作用、相互制约,联系十分密切,缺一不可。下面对这五个基本要素逐一进行简述。

1.战略方针

战略方针也就是"战略指导思想",发展战略的制定与实施要以战略方针为出发点,同时也要以战略方针为基本的原则。战略方针具有指导其他四个构成因素的作用。战略指导思想是对战略构想的集中概括,战略构想的提出是为了谋求发展,对战略方针的概括是特定战略主体在特定时期内进行的。发展的整个战略都是以战略方针为中心和灵魂的。

2.战略目标

战略目标是战略主体在较长的战略时期内提出的全局性的奋斗目标,这一目标的提出也是为了谋求发展。未来所预期达到的总要求和总水平能够通过战略目标表现出来。一定战略时期发展的总任务也体现在这一时期内提出的战略目标中。

可以将战略目标看作是发展战略的意图与宗旨的集中体现,一个发展战略中,要以战略目标为核心,战略目标决定了战略重点、阶段和对策,组织的长期方向能够在战略目标中得以确立,分配与调整资源需要战略目标对其进行引导。

3. 战略重点

在发展过程中,有些要素与环节对战略目标的实现起着十分关键的作用,这些要素与环节就是战略重点。战略重点一般是指发展优势,有时发展中需要注意与加强的薄弱点也是战略重点。

具体而言,战略重点具有以下三层含义。

(1)战略重点是促进战略目标实现的重点。

(2)战略重点是对资源进行优化配置的重点。

(3)战略重点是决策机关将战略指导工作落实的工作重点。

在战略重点的三层含义中,上述第一层含义是最根本的含义,因为投入一定的资源和在组织上的保证都是为了顺利实现战略目标。简而言之,为了促进战略目标的实现,就要确立主攻方向,而战略重点就是主攻方向。为了促进发展战略目标与战略方针的顺利实现,需要正确地选择和有效地解决战略重点问题。一定程度而言,能否顺利选择与解决好战略重点问题,对能否顺利实现战略目标起着直接决定作用。

4. 战略阶段

战略阶段,也叫作战略步骤,是指以不同的战略任务为依据,将战略期划分成的不同阶段。战略期指的是战略主体实现一定的目标所需要的期限。一般而言,一个战略期至少为 5 年,因为人们要将具体的计划做出来,就需要相当长的一个时期。在我国,对战略期的制定通常以 5—10 年为一个战略期,集中体现在经济社会发展规划中,其他事业发展规划中也会将这个时期定为一个战略期。

对战略阶段进行正确划分的目的是能够有步骤、有计划地实现战略目标。战略阶段和战略重点同样都是为促进战略目标实现而采取的对策。而战略重点与具体的实现战略目标的对策相比较而言,其具有其他更重要的意义,这也是战略重点能够以一个独立战略要素存在的重要原因。

5. 战略对策

战略对策是指组织者为了促进战略方针和战略目标顺利实现而采取的措施和手段。战略目标是否可行,战略重点是否科学,会对能否实现战略目标起着直接影响,而战略对策是否有效也是影响战略方针实现的重要因素。前面提到,战略重点和战略阶段也是促进战略目标实现的战略对策,但因为它们与一般对策而言有更重要的意义,因此与战略对策并列,成为单独的战略要素。所以,这里的战略对策这一要素并没有包括战略重点与战略阶段。相对于战略本身而言,战略对策属于一种策略,即计策和谋略。

二、校园足球发展战略概述

（一）校园足球发展战略的概念

校园足球发展战略，是指校园足球管理部门为了实现校园足球的健康、合理和可持续发展，而科学制定出的全面性、预见性和本质性的策略与决定。关于我国校园足球活动发展战略的内涵，应充分认识以下几方面内容。

（1）校园足球的发展是指管理职能部门为了实现校园足球的健康、持续发展。

（2）校园足球发展战略是在综合分析各环境要素的基础上制定的。

（3）校园足球发展战略的科学制定应面向未来，是一种全局性、根本性的战略谋划和决策[①]。

（二）校园足球发展战略的特征

校园足球发展战略与所有教学学科发展一样，具备鲜明的专业性，不只是供学生娱乐的一项活动。因此，要想为推动校园足球发展制定出适宜的战略，不仅应要求有关体育部门和教育部门掌握常见的发展战略的基本内涵与特点等基础性理论，还要求这两个部门对校园足球发展战略的特点有一个深刻的理解。因此，在对校园足球发展战略进行研究和制定的过程中，必须全面考虑校园足球发展战略的专业性、从属性以及交叉性等特征，具体如下。

1. 专业性

校园足球发展战略不仅仅是一种供学生娱乐的活动，而是具有非常强的专业性。从宏观的产业分类来看，足球属于第三产业，兼具教育性质与体育运动性质。教育与体育的结合使得校园足球具有了较强的专业性特征。因此，校园足球发展的战略也必然带有专业性的特点，而不是非专业管理人员可以参与的。为了保证校园足球发展战略的专业性，在制定战略时就要求相关人员具有一定的学科学历，或者从事足球行业多年，只有这些对校园足球非常了解的人，才能制定出科学的战略规划。

---

① 李纪霞.全国青少年校园足球活动发展战略研究 [D].上海体育学院，2012.

2. 从属性

足球运动发展是一项宏大工程,要想高效完成整体工程目标,在总体系统下需要具备很多个子系统发挥各自职能,校园足球就属于一个子系统。因此,促使校园足球发展战略必须高度服从我国足球运动整体发展战略,这属于校园足球发展战略从属性特征的具体反映。从属性特征决定了校园足球发展战略具备双重任务,第一项任务是推动校园足球发展,第二项任务是达到我国足球总体发展战略对校园足球发展提出的各项要求。这两项任务的关系是相辅相成,所有情况下过多偏重均会对完成各项任务产生消极作用。

3. 交叉性

校园足球发展战略的交叉性特征具体是指教育属性与体育属性的交叉,这种交叉性具体体现在两个方面。一方面,校园足球是一种"体教结合"的尝试,这种模式在我国以往已经有了一些尝试,如北京理工大学成立的北理工足球队,它的队员组成全部为该校在读大学生。不过这种模式在我国并未大规模出现。另一方面,校园足球既是教育部门工作的重要组成部分,同时也是体育部门工作的重要内容,在实际操作和具体运行中存在职能和分工的交叉,单凭教育或体育机构妄图实现最终战略目标都是不现实的,在实际当中的可行性也较差。因此,校园足球发展战略是一种交叉性战略,其中含有多种复杂关系,这就需要相关人员在对校园足球发展战略进行制定时对校园足球发展战略在教育领域、体育领域中可能出现的矛盾和问题进行充分预估,并拟出相应的解决方案。

第二节　我国校园足球发展战略的制定

一、制定校园足球发展战略的依据

对校园足球的可持续发展进行 SWOT 分析能帮助我们认清校园足球运动发展的形势,了解校园足球运动存在的各种问题,抓住其发展的机遇,接受挑战,从而促进自身的进一步发展。

（一）足球运动发展的本质规律

实践证明,足球运动的发展并不单单是运动技战术和思维理念的发展,与此同时,足球运动的人才培养和产业发展也是发展的重要组成部分,然而这些发展都要紧密围绕着足球运动的本质规律进行,任何脱离这个规律的发展都不会获得预期的效果。因此,在制定校园足球运动发展战略时也要围绕足球发展规律进行。由此可见,认识和把握足球运动的基本规律,是发展足球运动的一项重要基础工作。

从宏观角度来看,足球是世界第一运动,各个国家都非常重视这项运动的开展,无论是竞技足球还是健身足球。而从商业角度看,足球产业已经成为世界体育界中商业化水平最高的运动项目,这主要得益于足球运动在世界范围内的影响力。所以说,足球运动本身所蕴含的内涵,以及产生的影响,是其他项目不可比拟的。而最为依赖足球运动本质规律的便是足球人才的培养和校园足球运动的发展两方面,它具有"周期长、成本高、风险大、成材率低"的特点,据有关研究发现,我国绝大多数的职业足球运动员的训练年限在 10 ~ 20 年,这充分说明了足球人才的成才周期比较长,也体现出项目自身的发展规律。依此规律就应该知道,在校园足球运动发展的过程中,应该将更多的注意力放在提高学生对足球运动的兴趣和了解方面,较少开展过于严苛的足球运动专项训练。因此,研究和制定校园足球发展战略应该依据足球运动发展的本质规律。

（二）校园足球发展的内外部条件

校园是足球运动开展的单位之一,由此对于它的开展就拥有以校园为主的内外部条件。因为校园内外部条件的好坏会对足球运动在校园中的开展产生一定的影响,其中有些影响甚至是决定性的,如场地与设施等。因此,对它的研究是非常必要的,它也就成为制定校园足球运动发展战略的依据之一。

校园足球发展的内部条件主要是明确了解校园足球所具有的优势和不足。其优势在于只要学校确定了足球运动发展计划便会为此提供较为固定的专项资金投入,除此之外在舆论宣传方面也有得天独厚的条件;其劣势主要在于多数学校中有政策性保障措施欠缺、管理体制不完善、师资力量薄弱等问题。

校园足球的外部条件是辅助内部条件作用于校园足球运动发展之中的。众所周知,校园足球的发展并不单单是体育部门或教育部门的事情,它需要多部门的联合才能获得理想的结果,因此校园足球不是孤立存在的事物。另外,外部条件诸如足球运动氛围、环境、也对校园足球的顺利开展起着不可忽视的作用,它与校园足球的内部环境相互联系、相互制约。所以,要想制定出科学合理的校园足球发展战略,就必须要了解宏观的、外部的环境。对于外部环境来说,可以被校园足球利用的有利条件包括政府大力支持、强烈的社会需求、体教结合培养体育后备人才的发展趋势和大众对足球运动健身作用和竞技成绩的需求等。当然,为了能够更好地体现出获得这些优势的效果,还需要学校也要尽力克服一些如应试教育大环境、重文轻武的传统思想、足球发展大环境等的负面影响。可喜的是,在中国足球改革方案出台的今天,校园足球迎来了千载难逢的历史机遇。给予始终是与挑战并存的,挑战也是事物发展的必然经历和动力来源,如果能够将内外部优势相结合,可以想象在校园足球运动发展战略的制定中所遇到的问题一定会得到妥善的解决。

（三）青少年足球运动发展的要求

青少年是足球运动的后备力量,当然他们也是校园足球的重要参与主体。因此,这就需要在制定校园足球运动发展战略时一定不能忽视对参与主体的研究,而青少年学生对足球运动的要求也就成为制定校园足球发展战略的依据之一。

现代体育教育改革中特别要求了要以学生为主体,开拓出一种自主性的、自由性的,本着以人为本学习理念的教学主张。这种人本教育理念表明了只有当人愿意去学的时候,才能更好地对所学内容进行深入地理解,变"要我学"为"我要学"。

人的全面发展离不开教育,足球运动教育作为一种近年来非常重视的体育运动教育方法,首先就要在其实施过程中树立学生的主体地位,注重在足球教学中促进学生的全面发展,实现与社会发展的和谐同步。

（四）我国校园足球发展的现实分析

1. 我国校园足球发展的优势分析

（1）足球运动的魅力

足球运动历史悠久,因其具有较强的健身性、娱乐性、刺激性,深受广大青少年学生的欢迎和喜爱。据粗略统计,2017 年我国共开展校园足球比赛 10 万多场次,参赛学生超过 351 万人次,参赛球队超过 15 万队次,由此可见足球运动在校园中的影响力。足球运动本身具有丰富的内涵和价值,经常参加足球运动,学生可以增强自己的体质,缓解心理压力,调节不良情绪,提高人际交往能力,培养顽强的意志品质,提高团队意识和培养集体主义精神,由此可见,足球运动对学生的促进是全方位的,能有效促进学生综合素质的发展和提高。

（2）国家及政府强有力的支持

近年来,我国校园足球运动得到了快速的发展,这与国家及政府部门的支持是分不开的。为促进我国校园足球运动的发展,国家体育总局、教育部、中国足球协会等部门相继颁发了一系列有利于校园足球发展的政策与文件(第一章有详细阐述),这些政策与文件的制定,为我国校园足球的发展指明了前进的道路。除此之外,国家体育总局及教育部还组织相关专家撰写了足球教学大纲和教材,加强了校园足球专业教师的培训工作,校园足球经费也被纳入各级财政预算,在这样的情况下,各级学校也加强了足球投入力度,为校园足球的发展提供了良好的财力保障。由此可见,国家级政府部门的大力支持对于我国校园足球运动的发展具有重要的意义。

2. 我国校园足球发展的劣势分析

（1）硬件建设不足

目前,虽然我国校园足球获得了政府层面以及地方和学校体育部门的大力支持,近年来也获得了一定程度的发展。但受历史发展因素的影响,我国校园足球仍然存在着不少问题,如硬件建设不足就是其中一个重要的问题。目前来看,我国很多学校的足球场地比较匮乏,硬件设施不健全,据粗略统计,仅有很少一部分足球传统学校拥有 11 人制的足球场地,一部分学校甚至在平地上开展足球教学活动,这很容易导致运动损伤,不利于校园足球活动的开展。

无论是足球场地建设还是足球器材、设备等的购置都需要大量的资金投入,而我国各学校在足球资金投入方面还是比较欠缺的,有限的资金投入难以推动校园足球的基础设施建设,不利于校园足球的健康发展。

（2）足球师资力量匮乏

近年来,由于政府及领导人的高度重视,我国各地方也加大了青少年足球教练员的培训力度,组织与开展了不少青少年足球教练培训班,这在一定程度上促进了足球教师队伍质量的提高,但受时间因素的限制,这些培训班一般培训时间都比较短,段时间内提高足球教师的教学与训练水平是不现实的。目前来看,我国很多基层足球教练员并不具备足球专业基础,有一部分甚至是从其他体育专业转行过来的,这部分足球教练员或足球教师普遍缺乏必要的足球理论知识,运动技术水平也不高,难以有效组织与管理足球教学过程,这严重影响到我国校园足球运动的健康发展。

因此,要想促进我国校园足球的可持续发展,必须要加强足球师资队伍建设,力争建设一支高素质的足球教师队伍。

（3）竞赛体系不完善

大量的事实表明,校园足球运动的可持续发展还离不开健全的足球竞赛体系。据调查,虽然当前我国已经初步建立了一个校园足球发展的四级联赛体系,但这一体系在发展的过程中暴露出不少问题。这主要表现在两个方面:一方面,在足球传统学校与足球非传统学校进行足球比赛时,他们的足球水平存在着较大的差距,比赛后往往出现大比分的现象,这容易打击足球非传统学校学生的参赛积极性,不利于校园足球竞赛活动的开展。另一方面,当前,我国青少年校园足球联赛的竞赛周期较短,致使比赛强度较大,这种不符合竞技运动规律的做法很容易导致学生运动员发生运动损伤事故。因此,要想解决这一问题,就必须要建立一个科学和完善的校园足球竞赛体系,以确保校园足球竞赛活动的顺利开展。

（4）区域发展不平衡

我国地大物博,地域之间的经济发展水平存在着较大的差距,受地域经济的影响,我国校园足球也存在着区域发展不平衡的现象,各地区的校园足球呈现出明显的区域性差异,这主要表现在两个方面:一方面,校园足球布局城市之间发展不平衡,主要体现在足球传统城市与足球落后城市之间发展不平衡,东南沿海与中西部内陆城市发展不平衡;另一方面,城市定点学校之间的发展不平衡,一般来说,传统足球学校比较重视校园足球的发展,投入校园足球的物力、财力和人力也较大,这比较有利于校园足球的发展,而非传统学校则相反,对足球投入较少,校园足球活动的开展举步维艰,难以获得良好的发展。

3. 我国校园足球发展的机遇分析

（1）国家、政府的高度重视与支持

自 2009 年以来,我国校园足球运动开始获得快速发展,在这之后,国家和政府部门相继出台了一系列关于校园足球运动发展的政策与文件,为校园足球的发展提供了有力的制度保障。这些政策与文件的制定与颁布为校园足球运动的发展指明了前进的方向,对校园足球具有重要的引导作用,由此可见,国家和政府部门的高度重视为我国校园足球的发展提供了强有力的后盾,这是我国校园足球发展的一个重要机遇,校园足球理应把握住这一历史机遇,促进自身的快速发展。

（2）我国足球运动长远发展的现实需要

自从我国足球运动进入职业化以来,经过二十多年的发展,其水平上了一个新的台阶,广州恒大俱乐部甚至两夺亚冠联赛冠军,为中国足球争得了荣誉,但总体来看,与同欧美足球发达国家,甚至同日韩等周边国家相比,我国足球运动水平仍然处于落后的局面。造成我国足球运动发展滞后的因素是多方面的,其中青少年后备人才培养不足是一个极为重要的方面。我国足球运动的发展迫切需要青少年足球后备人才的补充,而校园足球活动的开展,则对于我国青少年足球后备人才的培养具有积极的意义 ①。

4. 我国校园足球发展的威胁分析

（1）落后的足球发展环境

大量的事实表明,要想促进校园足球运动的健康发展,首先就要有一个良好的足球环境,在良好的足球环境与氛围下,学生才能激发学习足球的兴趣,掌握与提高运动技能。自足球联赛职业化改革以来,联赛中出现了太多的负面信息,如赌球、假球、黑哨等,这些负面信息对校园足球运动的发展产生了一定的影响,很多家长认为在这样的环境下从事足球运动学习与训练不利于孩子的成长,因此不愿意孩子选择与参加足球运动。另外,我国足球运动水平较低,近年来在世界大赛中取得的战绩不佳,自2002 年第一次进入世界杯决赛圈后,已连续多届无缘参加世界杯。这种现状使得我国足球运动的发展形成了一种恶性循环,对校园足球运动的影响也非常大,在这样的大环境下,我国的校园足球运动难以得到健康的发展。

（2）校园足球运动保障机制不完善

当前,我国校园足球运动发展中面临的一个重要问题就是保障机制不够健全和完善。一个合理的保障体系是校园足球健康发展的重要前提和基础,虽然我国针对校园足球专门设立了校园足球运动责任险,并且在《中国足球改革发展总体方案》也明确指示:"完善保险机制,提升校园足球安全保障水平"。但是运动责任险的最高保险金额是 50 万,并且仅仅只针对意外伤亡和残疾、精神损害等方面的赔偿,缺少明确的运动风险保障机制 ②。而大部分的足球发达国家,一般都拥有一个科学和完善的运动保险制度,保险制度种类也较多,能为运动员提供良好的保障。

（3）学校体育优势项目的资源竞争

一般来说,每一所学校都有自己的优势项目,学校领导非常重视这些

---

① 　陈烨青. 我国校园足球运动发展的 SWOT 分析 [J]. 体育科技文献通报, 2018（8）.
② 　贾炳涛, 颜乾勇. 校园足球可持续发展的 SWOT 分析与战略构想 [J]. 中国学校体育, 2017（3）.

优势项目的发展,而对于其他相对弱势的项目则无暇顾及,在这样的情况下,不同项目之间必然会展开各种资源的竞争,这突出表现在师资队伍建设与经费投入方面。由于学校领导的重视程度不同,一些运动项目也会被划分为不同的档次,对于一些学校的优势项目,容易获得金牌,容易取得好成绩的项目,学校领导通常会加大投入对其进行支持,这样势必就会挤压校园足球发展的资源,非常不利于校园足球运动的健康发展。

（4）足球后备人才的"功利性"培养模式

在功利性的影响下,学校领导只重视本校优势项目的发展,不仅如此,为了取得好成绩,还急功近利,片面强调学生的竞技能力,选拔与引进高水平的运动员组建球队参加训练与比赛,这样做虽然会给学校带来一定的荣誉,但却违背了校园足球运动的基本目标,校园足球成为少数人参加的活动,从长远和全局来看,这都不利于我国足球运动的可持续发展,也不利于学生的健康成长,因此这种人才培养模式理应受到摒弃。

（五）发达国家校园足球发展的经验

制定校园足球运动发展战略是一项系统的工程。在我国过往的经历中几乎没有类似的带有系统性、综合性和长久性的战略规划,可以说我国的校园足球与足球发达国家的相比差距还较大,为此我国需要耗时十余年甚至几十年的时间才能接近。因此,在制定校园足球发展战略时就需要抱有一些"拿来主义"的精神,参考和借鉴世界足球运动发达国家的发展模式与有益方法。

当然,这种参考和借鉴不是盲目进行的,它也需要一定的目的性以及选择合适的参考对象。其中最应受到重视的便是与我国一衣带水的,同为亚洲人种的近邻日本与韩国的校园足球发展经验。我国的足球运动发展与这两个国家有许多类似的地方,如现代足球的传入时间、足球职业化改革的开始时间及至学生身体条件等方面。起初日韩的足球运动水平与我国相差不大,特别是日本足球常年被中国足球压制。但日韩足球经历了20多年的发展,直到今天他们已经将我国远远甩在了身后,他们所取得的成绩令我国望尘莫及,特别是日本女足甚至拿到了世界杯的冠军,而在十多年前,他们还是中国女足的手下败将。日韩足球相对于我国足球的成功主要在于他们选择了正确的发展路线并长期按照这一路线前行,除此之外,在路线中他们非常注重对青少年足球人才的培养,而校园足球就正是青少年足球培养的主要基地。

总的来看,日韩足球发展的成功经验将给我们的借鉴主要有以下几点。

（1）在发展校园足球时,应建立符合我国国情的管理体制。

（2）在校园足球发展过程中,应制定系统的长远规划。

（3）应构建完善的培养体系,促进足球人才的系统培养。

（4）应注重教练员的培养。

（5）重视后备人才的全面发展。

在此,我国足球管理部门应根据这些有益的做法改良校园足球的发展,制定出符合足球运动本质规律和满足学生对足球运动需求的战略规划。

二、我国校园足球发展的战略目标

（一）从宏观层面来看

对于校园足球发展的战略宏观目标的制定,首先要考虑到多方面因素对校园足球发展的影响,如我国的政治、经济、社会、文化等环境,此后再结合我国教育活动特点和体育运动发展现状、足球运动发展环境等进行考量,与此同时还要注意吸收足球发达国家的校园足球经验。通过对上述内容的总结和分析,提出校园足球发展战略的总体目标为利用15—20年的时间制定一个能够适应社会主义市场经济体制、具有中国特色的校园足球培养体系;建立完备的、高效的校园足球管理体制和运行机制;使校园足球人口数量增加,校园可以培养并输送一批具有一定水平的足球人才,以此为最终推动我国足球运动全面发展奠定坚实的基础。

（二）从具体方面来看

对于制定校园足球可持续战略的目标而言,仅仅有一个宏观目标还不够,宏观目标只是可持续战略最终想到达成的目标,而为了实现这一目标,就必须要在诸多小任务中完成小目标,这些小目标就是具体目标。宏观目标正是由这一个个的具体目标组合而成的。校园足球发展战略的具体目标是将总体目标按照纵向、横向或时序等维度分解成为零散的任务目标,这与体育教学中的教学总目标和子目标类同,具体目标是实现宏观目标的基础或组成部分。因此,在设立具体目标时应注意遵循如下几点要求:第一,根据实际情况将宏观目标分解成为若干更具有可操作性和具体性的具体目标。此过程中需要注意具体目标的实效性,务必确定其始终是围绕在宏观目标周围,其目标的实现应与宏观目标的要求完全符合。第二,具体目标的确定需要遵循各分目标所需的条件及限制因素,如资金因素、人力因素、相关管理水平或技术保障等。第三，对于各具体目标的分化，要本着统筹协调、有条不紊的原则，在内容与时间上要保证协调、平衡、同步发展，进而在预期之内顺利实现宏观目标。

校园足球发展的具体目标有以下四个。

1. 建立系统、规范、科学的校园足球管理体制

管理体制是管理行为的基准，因此基本上在所有管理工作中都会设有一套系统、规范、科学的管理体制。校园足球战略的具体目标的实现同样需要依靠这样的体制。因此，根据我国的国情和校园足球运动发展现状，对于校园足球战略的具体目标管理体制的建立应与社会主义市场经济体制相适应的，并且符合校园足球运动发展规律。此外，根据我国社会的现实国情，政府往往在各种系统中发挥着主导作用，因此还应在此过程中充分发挥政府相关管理部门的主导作用，明确教育部门与体育部门之间各自的职责分工，不断对相关的制度进行完善，协调运行的机制，使校园足球运动的发展在宏观与微观方面都可以获得相应的组织保证和支持。

2. 形成合理高效的资源配置方式

开展校园足球离不开充分的专门性资源，诸如场地、资金、教练员等。这些资源如果只靠学校提供，是很难使校园足球运动的发展需求得到满足的。因此，要拓宽这些资源的来源渠道，确保校园足球运动的可持续发展，政府拨付、企业赞助等都是重要的资源来源渠道。尽管如此，校园足球运动发展中可用的资源仍十分有限。鉴于此，如何高效利用已经获得的资源成为审视校园足球管理水平的一个重要标准。

我国实施改革开放40多年来，计划经济体制逐渐被更加自由的市场经济体制所取代。因此，校园足球资源的合理配置，教育部门与体育部门的资源共享离不开政府宏观调控职能的发挥。不仅如此，在市场经济体制下发展校园足球运动还可以对社会和市场的力量进行大力发掘，这是推动我国举国体制改革与创新的必然要求，也是校园足球实现可持续发展的重要基础。在这种有利条件的支持下，必然能够在校园足球运动的可持续发展过程中实现对资源的高效利用。

3. 增加校园足球人口的数量

校园足球的发展需要依靠广大学生的积极参与。只有使每一个在校学生都接触到足球运动，才能将足球运动发展的金字塔的塔基打牢。因此，校园足球运动发展战略的具体目标中就应该有逐步扩大校园足球人

口的目标。

为此,我国已经积极制定了多项措施来向这个目标进发,一方面要增加足球定点学校数量,但要注意适度、适时,促进校园足球人口的增加;另一方面要在现有校园足球布局城市的基础上,继续增加布局城市。

4. 构建"一条龙"式的校园足球人才培养体系

关注后备人才的培养是遵循足球运动发展本质规律的要求,校园作为学生的聚集地自然就成为足球后备人才的主要培养基地。因此,要完善我国足球后备人才培养的路径,初步建立一个依托小学、中学和大学等教育系统层级的三级金字塔式的、结构合理、上下畅通的"一条龙"足球后备人才培养体系。"一条龙"式的培养体系非常有利于学生足球运动能力的提高。尽管对于大多数学生来说,参与校园足球运动的目的仅仅是健身或娱乐,向足球运动更高目标发展的学生并不占多数,但因为我国人口的基数较大,如此也能够涌现出非常多的学生足球人才,他们依托"一条龙"式的培养体系,能够在每一个学习阶段都获得良好的足球运动条件,因此足球特长得以延续,并最终成为不可多得的足球运动人才。由此我国校园足球活动的开展就成为一条充满生命力的、可持续发展的后备人才培养路径,为我国足球事业的发展源源不断地输送新型后备人才。

三、我国校园足球发展的战略重点

明确校园足球运动发展战略重点,目的在于保证校园足球运动在发展的过程中不偏离预定的发展目标,使发展始终符合实际需要。对战略重点的选择是否恰当,直接影响甚至决定了能否促进战略目标的顺利实现。因此,可以说,战略重点是促进校园足球发展战略目标实现的重要着力点、制高点和突破口。

(一)完善校园足球管理体制

管理学中提到,要想落实领导者的决策行为,就需要用责任来约束行为,用权力和利益来保证、推动行为的落实。为了有效地落实行为,就要对于权利结构相符的利益结构进行建立,使领导者对自己的责任、权利及利益进行明确,并使之相统一。然而,管理学中的这一理论在我国校园足球运动管理体制中并没有得到很好的体现,管理范围与权限不相符的情况较为严重。一方面,学校集中了学生这一校园足球的参与主体,而教育部门是学校的管理机构;另一方面,体育行政部门集中掌握了校园足球活动的管理权。这就表明,我国校园足球活动开展过程中,存在着责任、权力和利益严重脱离的现象,而且人力、物力及财力的统一也没有落实,这就使校园足球活动的开展受到了严重的影响。所以,要想实现校园足球的健康发展,就要完善落实管理体制,将此作为一项战略重点来对待。

（二）完善政策保障体系建设

校园足球的发展不可能一蹴而就,它需要通过长时间的反复实践才能获得预期的收获,甚至这种收获没有达到预期的效果。因此,校园足球的发展工作就显现出了耗费周期长、资金投入大、成果见效慢的特点,这些特点决定了此项工作必然是艰苦的、长期的。也许正因为这些不太理想的特点,使得自由的市场并不愿过多地将精力投入到这个领域中来。不过,要想看到中国足球与世界先进水平接近,这就是不得不走的道路。从最一般的意义上讲,政策是组织为解决面临的问题而进行的一系列活动过程。 当前我国的校园足球运动发展情况并不乐观,如学校因为害怕承担由于组织足球运动导致学生受伤的责任而几乎取消了足球运动在校园的开展;家长由于害怕孩子因为踢足球而耽误正常学业而禁止孩子参与此类活动等等;再加上中国足球长期给人们留下的不利印象的客观现实都制约着人们支持开展校园足球的态度,最终的结果就是口号喊得响而真正的落实太少,久而久之这就会与其他影响校园足球运动发展的因素相关联,由此形成对该项运动在校园中开展不利的恶性循环。面对这些问题,有关部门需要本着对我国足球运动负责的态度,多部门联创联动,共同协商,出台具有针对性和可行性的扶持政策,解除各方对学生参与校园足球的后顾之忧。可以说,对处于初始发展阶段的校园足球而言,政策保障尤为重要,加强政策保障体系建设是校园足球运动发展战略应予以重点关注的领域。

（三）加强校园足球师资队伍建设

2015 年 2 月 27 日通过的《中国足球改革总体方案》中明确要大幅度提高青少年足球人口,其中主要的方式就是开展校园足球活动。为了落实这一方式,就必定需要给各级各类学校配备充足的、专业能力较强的足球师资。在校园足球的发展过程中,直接宣扬与组织足球活动的就是足球教师,他们向学生传授技能与知识,推进足球教学与足球训练的开展,从而大幅提高校园足球的发展水平。

　　然而,目前我国大部分学校并没有专门的足球教师,代理这一职务的多为在职的体育教师,这些教师可能原本不是足球专业,而由非专业足球教师开展教学,势必会使校园足球的教学水平大打折扣。而真正具有专业足球教学资质的教师又很少,与之相关的职业水平认证标准还没有正式出台,因此很多学校都面临着足球专业教师缺乏或现有教师水平较低等对校园足球发展造成严重制约的问题。所以增加足球教师体育教练员,促进其专业素质的提升需要被列入校园足球发展的战略重点中。

　　（四）建立普及提高协调发展的工作机制

　　当前,校园足球在实施过程中存在普及与提高不协调的问题,其主要表现是,从上到下校园足球领导部门的工作机制主要围绕校园足球联赛展开,包括联赛组织、评估、运动员注册及保险等,追求的是"发现苗子,培养足球人才"。具体落实到各定点学校,表现为组建一支代表队参加城市联赛,而忽视校内足球普及教育活动的开展,校园足球仍然是少数人参与的活动。目前,重提高而轻普及的做法已经违背了启动校园足球的初衷。前文我们已经论述过,"扩大校园足球人口"和"培养'全面发展、特长突出'的足球后备人才"是校园足球的主要发展任务,两者是"基础"与"提高"的递进关系,互为依存,互相促进。建立普及和提高协调发展的工作机制是贯彻落实《关于开展校园足球运动的通知》精神的关键所在,应该将其作为校园足球发展的战略重点。

第三节　我国校园足球发展的战略措施

　　校园足球运动发展战略的实现需要采取切实可行的相关措施,以此推动校园足球的科学发展。一般来讲,发展校园足球的战略措施具体应该从以下几个方面着手。

一、正视发展定位

　　正视校园足球的发展定位是推动我国校园足球运动发展的基础所在。要想实现校园足球运动的发展,首先应该正确把握开展校园足球运动的相关背景与战略思想,面对我国当前足球运动不景气的现状,国家有关部门将提升中国足球的突破口定位在发展青少年足球、夯实足球运动发展的社会基础上。在这种发展背景下,国家体育总局还联手教育部启动了全国青少年校园足球活动。由此可见,校园足球活动是开展阳光体育运动的一个重要载体,校园足球运动的开展也能显著增强青少年学生体质。实践表明,采取校园足球运动这种形式是培养我国青少年足球后备人才的有效途径与必由之路。

结合新时期我国经济社会发展的特点以及我国足球运动发展的客观情况,我国校园足球运动的发展定位应该是"普及"与"提高"两手都要抓,通过建立普及和提高协调发展的工作机制,在青少年学生中广泛普及足球运动,并在此基础上加强足球人才的发掘与培养。

二、加强舆论宣传

在 21 世纪信息化时代到来的今天,信息传播媒介和舆论宣传已经成为事物发展所必不可少的支撑渠道了。校园足球运动的开展一样也离不开舆论宣传工作,其目的就在于通过舆论宣传使社会更多层面的大众知晓和了解校园足球的重要性和必然性,进而使他们也能够积极地参与其中并且为校园足球做推广。具体来说,校园足球运动发展的宣传工作应按照以下两点实施。

(1)要重视校园足球发展定位、发展思路、培养理念等核心价值体系的宣传,提高公众对校园足球的认识,形成全社会都积极支持校园足球的氛围。对最广大的群众宣传校园足球运动具有非常现实的意义,其原因在于构成校园足球运动的主体正是千家万户家庭的孩子,由于受我国传统家庭观念的影响,家长对孩子行为有一定的影响力,因此,只有通过宣传使学生、家长和学校体育管理部门等人士最大程度的认同、支持和参与,才可能逐步出现有利于校园足球可持续发展的局面。

(2)要总结和推广校园足球实施过程中的成功经验及特色做法等,广泛报道校园足球取得的成效,发挥榜样的积极示范作用,有效地引导和促进各布局城市校园足球的健康、有序开展。

加强校园足球的宣传推广工作要充分发挥媒体的作用,使媒体成为校园足球运动发展最强劲的推动力。特别是应该借助多样化的现代便捷信息传播途径,如网络、电视等媒体并结合青少年的身心特点,形成以网络媒体为核心、电视媒体和平面媒体为辅助的形式多样、点面结合的校园足球宣传推广工作平台,使其各展所长,对校园足球进行丰富多彩、生动活泼的宣传报道,提高宣传的实效性和感染力。

三、建设基础设施

对校园足球运动而言,足球专业运动场地以及足球运动训练器材等硬件设施都是提高足球教学与训练水平的重要保证。体育教学与其他形式的教学活动存在着很大的不同之处,它更加突出运动教学的实践性。

体育教学中的场地资源是进行体育教学的基础,体育场地资源与设施的健全与否直接决定了体育教学目标能否实现,以及体育教学效果的优劣,同时,也影响着学生的体育兴趣、体育习惯以及终身体育思想的形成。对体育场地资源进行科学的管理是体育教学活动正常进行的重要保证。学校应积极完善足球场地,增设足球器材。运动场地的建造应以在校学生的总数以及体育课时数等为依据,在此基础上科学合理地配置体育场地的数量和大小。

四、发展学生素质

（一）培养创新能力

学生是否拥有独立创新的能力,这点对训练水平的提高具有非常重要的作用和意义。学生具有创新思维和创新能力,则能够更好地掌握足球运动的技战术,能够对技战术做到灵活运用。另外,具有创新能力,学生在学习相应的运动技能时,能够掌握其基本原理,从而做到举一反三,为进行足球训练创造良好的条件。

（二）培养足球意识

校园足球不仅需要依靠体育课程来实现,通过开展相应的足球运动比赛,能够使得学生更好地体会运动的快乐,并且在运动过程中能够培养其足球意识,提高其足球运动技战术水平,对于其足球运动能力的提高具有重要的意义。另外,足球运动员的战术能力的提高对其足球运动水平的提高具有重要作用。学生应结合自身的实际情况,培养足球战术意识,提高战术运用能力。

（三）提高技术技能

足球运动技能的获得是一个复杂的学习过程,需要经过长期的系统训练,在训练过程中,学生应发挥自身的创新能力,加强足球运动技战术组合技术的训练与应用。在训练过程中,既要理解各种技术动作之间的相互联系、战术之间的联系,还要明确技战术之间的配合与运用。这就要求学生在学习与训练过程中应积极发挥其主动性和创造性,更好地把握足球技战术。

五、增强师资力量

足球运动发达国家大多非常注重对足球师资力量队伍的建设工作,尤其是对于初步接触足球的少年儿童,足球启蒙教育对他们对此项运动的了解和热爱发挥着非常直接的作用。为此,我国也应进一步加强足球教练员队伍的培养与建设,以期能够为校园足球运动的良好开展提供支持。足球教师(教练员)是校园足球第一线工作者,对于校园足球活动的顺利推进和发展具有至关重要的作用。可以说,校园足球要实现长远发展,师资是关键。不过从我国校园足球运动开展的现状来看,我国的足球师资队伍建设尚不完全,师资力量较弱,不能满足校园足球活动的需要。加强校园足球师资队伍建设、优化校园足球师资力量的工作应该从师资数量和师资质量两方面内容入手。

(一)扩充数量

开展青少年校园足球活动需要有一大批有足球专业特长的体育教师,从目前情况看,最迫切的问题是学校现有体育教师数量不能满足开展校园足球活动的需要。鉴于此,研究认为应该通过推进教师聘用机制的改革,完善足球师资队伍补充机制,增加校园足球师资数量,为校园足球发展注入新鲜血液。目前,最为可行的且运用较为广泛地扩充足球师资的途径主要有以下两种。

(1)通过制定"足球师资特设岗位计划"等形式,优先选择录用那些具有足球专项人才到学校任教。

(2)整合、发挥教育与体育部门现有闲置专业资源,包括体育系统闲置的足球教练、退役运动员及俱乐部明星球员等专业资源,采用引进、兼职等多元形式,来弥补足球师资不足的问题。

(二)优化质量

随着我国校园足球运动的不断发展,需要不断对师资队伍结构进行深化,具体包括师资队伍的学历结构、年龄结构、职称结构等方面,特别应该不断提高足球教师的专业运动水平。一般来讲,优化校园足球师资质量的措施主要有以下几项。

1. 推行足球教师资格制度

应推动我国足球教师资格制度的发展,提高足球教师的整体素质。一方面,虽然我国经济社会发展具有一定的不平衡性,但是为了对教师资格进行必要的规范,有必要建立全国性的教师资格标准;另一方面,教师资格制度的发展应结合当地实际情况,制定符合各地实际水平的地方性教师资格制度。实施教师资格制度能够在一定程度上促进教师职业的专门化,提高教师的专业化地位。

2. 重视足球教师的继续教育培训

为了保证教师具有提升自己的时间,学校应积极鼓励和组织教师进行进修。为了保证教师具有进修的时间,应制定相应的政策和制度,使得教师能够更好地提升自己。在学习的过程中,能够了解到最新的学科动态、教学方法等,从而能够有效提升教师的专业素质和业务水平。

3. 加强足球教师的交流学习

应注重足球教师之间的交流和分享,以使得教师能够积极分享教学心得,共同进步。为了更好地发展校园足球,应积极与足球发达国家的专家、学者进行交流与合作,促进教师的学习和提升。另外,我国也可选拔一些优秀的足球教师去国外学习,吸取国外的先进足球教学理念。

六、构建网络信息平台

随着现代社会的快速发展,现代科学技术已越来越广泛地运用在足球运动当中,这对校园足球水平的提高是十分有益的。作为重要的人才培养基地,校园理应对构建足球网络信息平台给予关注。通过创建相应的足球信息网络平台,能够实现各种信息资源的共享,不仅方便学生的学习,也能够便利教师的教学与科研。从长远角度来看,这是非常有必要和有意义的事情。

参考文献

[1] "健康中国 2030" 规划纲要 [M]. 北京：人民出版社, 2016.

[2] 李滔, 王秀峰. 健康中国的内涵与实现路径 [J]. 卫生经济研究, 2016（1）.

[3] 龙佳怀, 刘玉. 健康中国建设背景下全民科学健身的实然与应然 [J]. 体育科学, 2017, 6（37）.

[4] 胡新光, 曹春霞, 李浴峰. 论健康促进在"健康中国"战略中的应用 [J]. 医学与社会, 2017, 4（37）.

[5] 何志林. 足球教学训练工作指南 [M]. 北京：人民体育出版社, 2010.

[6] 李泽龙. 足球理论探究 [M]. 北京：中国社会科学出版社, 2017.

[7] 梁伟. 校园足球可持续发展评价研究 [M]. 济南：山东人民出版社, 2016.

[8] 刘丹, 赵刚. 青少年足球训练纲要与教法指导 [M]. 北京：人民体育出版社, 2011.

[9] 程公. 论足球后备人才培养的全面质量管理 [M]. 北京：北京体育大学出版社, 2011.

[10] 黄竹航, 王方. 足球训练设计 [M]. 北京：高等教育出版社, 2010.

[11] 李小伟. 校园足球行政管理人员和校长培训班举行 [J]. 中国学校教育, 2015（4）.

[12] 张彦斌. 湖南省校园足球裁判员队伍建设研究 [D]. 南昌：江西师范大学, 2016.

[13] 马红霞, 邹勇. 上海市虹口区校园足球教练员培训现状的调查研究 [J]. 统计与管理, 2017（6）.

[14] 张新宇, 甘刚. 校园足球的开展现状及对策分析 [J]. 当代体育科技, 2015（11）.

[15] 王哲. 我国校园足球运动开展现状 [J]. 运动, 2012（12）.

[16] 曾丹, 邓世俊, 耿建华. 中国校园足球指导员培训教程：试行 [M]. 北京：人民体育出版社, 2015.

[17] 王保成,王川.球类运动员体能训练理论与方法 [M].北京:北京体育大学出版社,2005.

[18] 王民享,吴金贵.现代欧美足球训练理念与方法 [M].北京:北京体育大学出版社,2010.

[19] 侯志涛,陈效科.中德青少年足球培养比较分析 [J].体育文化导刊,2014(8).

[20] 李少华.武汉市青少年足球发展现状 [J].湖北体育科技,2013.(6).

[21] 吕殿臣.青岛青少年校园足球活动开展现状的调查研究 [D].济南:山东师范大学,2013.

[22] 张程峰,韩思音.中德青少年足球人才培养体系比较 [J].体育成人教育学刊,2015(1).

[23] 宁柠.中日青少年校园足球活动发展现状与对比研究 [D].太原:太原理工大学,2016.

[24] 俞可.校园足球:德国夺冠必由之路 [J].上海教育,2015(2).

[25] 庄小凤,沈建华.校园足球 [M].上海:上海教育出版社,2014.

[26] 王炜华,刘兵,国辉.校园足球运动 [M].长春:吉林大学出版社,2013.

[27] 王俊奇.足球文化概论 [M].北京:北京体育大学出版社,2010.

[28] 陈烨青.我国校园足球运动发展的 SWOT 分析 [J].体育科技文献通报,2018(8).

[29] 李元,张生杰.中国青少年足球后备人才培养模式研究 [J].体育文化导刊,2012(6).

[30] 张洪瑞.探析校园足球可持续发展对中国足球的重要性 [D].济南:山东大学,2013.

[31] 韩成祥,布特.校园足球研究述评 [J].体育研究与教育,2015(5).

[32] 李晨.我国校园足球制度建设研究 [D].西安:陕西师范大学,2018.

[33] 毕京坤.上海市青少年校园足球活动指导员培训研究 [D].上海:上海体育学院,2011.

[34] 刘聪,林君.基于校园足球角度培养基层足球教学者的途径及方法 [J].运动,2015,116(6).

[35] 贾炳涛,颜乾勇.校园足球可持续发展的 SWOT 分析与战略构想 [J].中国学校体育,2017(3).

[36] 李继霞.全国青少年校园足球活动发展战略研究 [D].上海:上

海体育学院,2012.

[37] 蒲一川.我国足球文化建设的价值取向及发展路径 [J].绵阳师范学院学报,2012,31（3）.

[38] 王格.我国校园足球活动开展的现状、问题及对策研究 [J].沈阳体育学院学报,2011（2）.

[39] 梁伟.校园足球可持续发展评价研究 [M].济南：山东人民出版社,2016.

[40] 毛振明,刘天彪,臧留红.论"新校园足球"的顶层设计 [J].武汉体育学院学报,2015（3）.

[41] 董众鸣,龚波,颜中杰.开展校园足球活动若干问题的探讨 [J].上海体育学院学报,2011（2）.